Das gelingt!

Die besten Koch- und Backrezepte
von 120 Hausfrauen
und Hobbyköchen

Herausgegeben von
Wolfgang Küpper

Ein -Buch im Ehrenwirth Verlag

CIP-Kurztitelaufnahme der Deutschen Bibliothek

Das gelingt! : Die besten Koch- und Backrezepte von
120 Hausfrauen / [in Zusammenarbeit mit d. Red. d.
Musikjournals]. Hrsg. Wolfgang Küpper – München : Ehrenwirth, 1986.
  (Ein BR-Buch)
  ISBN 3–431–02909–4

Das Kochbuch »Das gelingt!« entstand in Zusammenarbeit mit der Redaktion des *Musikjournals*, die seit zwei Jahren im 1. Hörfunkprogramm des Bayerischen Rundfunks einmal pro Woche Rezepte von Hörern für Hörer vorstellt.

ISBN 3–431–02909–4
© 1986 by Franz Ehrenwirth Verlag GmbH & Co, KG München, Vilshofenerstraße 8
Umschlag: Atelier Höpfner-Thoma, München
Gesamtherstellung: Friedrich Pustet, Regensburg
Printed in Germany 1986

Inhalt

Vorwort

Mit einem Rezept für eingelegten Knoblauch fing es an: Der Bayerische Rundfunk hatte in der Adventszeit zu einer Höreraktion aufgerufen. Gesucht wurden außergewöhnliche Ideen für den Gabentisch. Die besten sollten live in der Sendung präsentiert werden. Unter den zahlreichen Einsendungen war auch eine, in der es hieß:»Schenken Sie Ihren Lieben zu Weihnachten eingelegten Knoblauch. Sie werden begeistert sein!«
In der Redaktion kam der Verdacht auf, jemand wolle sie auf den Arm nehmen. Besagte Hörerin wurde angerufen, und sie schwärmte in höchsten Tönen von diesem in Essig und Öl eingelegten Knoblauch, der zudem fast geruchsfrei sei.
Keine Frage mehr, daß dieses Rezept den Hörern vorgestellt wurde. Die Resonanz war umwerfend. Innerhalb weniger Tage wurden beim BR mehrere tausend Kopien dieses Rezepts angefordert. Das war zugleich die Geburtsstunde der »Koch- und Backstube im Musikjournal« des Bayerischen Rundfunks.
Aus der Fülle der möglichst originellen, selbst erfundenen oder aus alter Überlieferung stammenden Rezepte wird pro Woche eines ausgewählt und vom Einsender live per Telefon vorgestellt. Von der Möglichkeit, Kopien davon anzufordern, wurde in knapp eineinhalb Jahren über 60000 Mal Gebrauch gemacht. Die besten 120 Rezepte werden hier erstmals in einer Sammlung vorgelegt.

Wolfgang Küpper

Das Rezept, mit dem alles anfing

Eingelegter Knoblauch
Rezept von Krimhilde Oefler, München

Man nehme ...
... ein Kilo Knoblauch. Die Zehen müssen einzeln geschält werden, was etwa 2 Stunden dauert. Die Zehen werden anschließend eingelegt in ein Gemisch aus einem halben Liter Weinessig und einem halben Liter Weißwein. Hinzu kommen zwei Chilischoten oder Peperoni, die Sie fein zerschneiden sollten. Außerdem ein Zweig Thymian und ein Zweig Rosmarin, die auch getrocknet sein können, zwei Lorbeerblätter, 1 Teelöffel weiße Pfefferkörner, 75 Gramm Zucker und 2 Teelöffel Salz.
Alles zusammen 3 Minuten kochen, anschließend 24 Stunden in einem geschlossenen Topf stehenlassen. Danach nochmals fünf Minuten aufkochen, erkalten lassen und in Gläser füllen. Im Glas einen Zentimeter Olivenöl aufgießen, abdecken und dann verschließen.

Vorspeisen

Apfelmüsli
Heringskäse
Libanesischer Salat
Gemüse-Obst-Salat
Pikante Früchtehappen
Frucht-Kaltschale

Apfelmüsli

eingereicht von Hildegard Schairer, Unterschleißheim

1 geraspelter Apfel
⅛ l Apfelsaft
1 EL Zitronensaft
mind. 12 EL Weizen (Hafer-
zusatz möglich)
25 g gehackte Haselnüsse
(oder geröstete Sonnenblu-
menkerne)

3 EL Rosinen
1 TL Zimt, 1 Prise Muskatnuß
1 Prise Koriander
4–6 EL Crème fraîche oder ½
Becher geschlagene Sahne
Zucker, Honig oder Ahornsi-
rup zum Süßen (nach Ge-
schmack)

Das Getreide am Abend vorher schroten und über Nacht in Wasser, Milch oder Joghurt einweichen. Den geraspelten Apfel mit dem Apfel- und Zitronensaft mischen, (damit er nicht braun wird). Dann alle Zutaten gut durchmischen. (Man kann auch Bananen, Apfelsinen oder eingeweichtes Dörrobst dazugeben). Mit den Gewürzen abschmecken, süßen, und zum Schluß die Creme fraiche bzw. die Sahne unterrühren. Der Kalorienbe-wußte kann auch Dickmilch verwenden.

Heringskäse

eingereicht von Anna Hörrlein, Adelsdorf

2 entgrätete Salzheringe
1 große Zwiebel
1 harter Apfel
4 Zehen Knoblauch
1 Peperoni
1 Glas Sardellenringe
1 kg Quark
1 EL scharfer Senf

250 g gute Margine oder Butter
1 Prise geriebene Muskatnuß
1 Kaffeelöffel Paprika
1 Kaffeelöffel Pfeffer, etwas
Kümmel
5 süßsaure Essiggurken
etwas Sonnenblumenöl

Die ersten 6 Zutaten durch den Fleischwolf drehen, Essiggurken klein hacken, alles mit dem Quark gut vermischen.
Den Heringskäse kann man auf's Brot streichen oder zu warmen Kartoffeln essen.

Libanesischer Salat
eingereicht von Ilse Hartmann, Diedorf

1 Salatgurke	*1 Kopfsalat*
4 Tomaten	*Pfeffer*
1 rote und 1 grüne Paprika-	*Salz*
schote	*Tabasco*
1 Radi oder ein Bund Radies-	*Essig*
chen	*6–8 EL Hirsegrütze aus der*
Schnittlauch	*Packung*

Die Zutaten (Salatgurke bis Schnittlauch) kleinschneiden bzw. würfeln, salzen, pfeffern und mit Tabasco und eventuell Essig würzen. Die Mischung gut durchziehen lassen und je nach Geschmack scharf nachwürzen.

Mit einem halben Liter Wasser 6 bis 8 EL der pulverisierten Hirsegrütze dick einkochen. Erkalten lassen und mit den übrigen Salatzutaten vermengen.

Kopfsalat entblättern, waschen und dann die Hirsesalatmischung auf den Salatblättern anrichten.

Der Salat kann ohne Besteck gegessen werden.

Dazu gibt es französisches Weißbrot und Rotwein.

Gemüse-Obst-Salat
eingereicht von Franziska Lohr, Landshut

ca. 150 g Chinakohl	*Zucker, Salz, 1 EL Öl, etwas*
1 mittelgroße Paprikaschote	*Essig*
1 mittelgroßer Apfel	*ca. 50 g Magerquark*
1 Orange	*2 EL Milch*

Chinakohl und Paprika (grün, rot, gelb oder von jedem etwas) in feine Streifen schneiden; Apfel und Orange schälen, teilen und in kleine Stücke schneiden; mit Zucker, Salz, Essig und Öl würzen und gut mischen. Dann eine Stunde ziehen lassen.

Den Magerquark mit der Milch verrühren und in einem Schälchen gesondert reichen, so daß jeder davon über den Salat gießen kann.

Reste dieses Salates lassen sich im Kühlschrank gut bis zum Abend und sogar bis zum nächsten Mittag aufbewahren.

Variation: Schmeckt auch sehr gut mit Trauben, Erdbeeren, Gurken, Radieschen, Kopfsalat und Tomaten. Zum Würzen auch Zwiebeln, Petersilie, Liebstöckl und Dill möglich.

Pikante Früchtehappen
eingereicht von Gisela Decker, Starnberg

4 Pfirsiche oder 8 Aprikosen	*6 dünne Scheiben Cervelat-*
200 g Frischkäsezubereitung	*wurst*
100 g saurer Rahm	*einige Salatblätter*

Den Käse mit dem Rahm zu einer festen Creme schlagen und kaltstellen. Die Früchte halbieren, den Kern entfernen und auf Salatblättern anrichten. Unter die Käsecreme die in feine Würfel geschnittene Salami mischen (Variante: Man kann einen Teil der Creme auch mit feinen Scheiben gefüllter Oliven mischen). Die Creme auf die Früchte häufen und sofort servieren.

Anmerkung: Am besten schmecken dazu Toast oder Baguette. Die Käsecreme kann man beliebig variieren: Feingehackte, gesalzene Pistazien ... und ... oder: feingehackte, süße Mandeln untermischen und auf Kräckern servieren.
(Das Prinzip des jiddischen Frühstücks aus Kanada sollte dabei gewahrt bleiben: salzig auf süß beziehungsweise umgekehrt).

Frucht-Kaltschale
eingereicht von Erna Scheid, Nürnberg

500 g Obst (Kirschen, Pfirsi-
che, Aprikosen, Pflaumen,
oder auch gemischtes Obst)
ca. 150 g Zucker
2 Eßlöffel Gries
1 Stamperl Rum

1 Becher Crème fraîche, Sah-
ne oder Quark
je nach Geschmack kleinge-
hackte Nüsse oder süße Man-
deln

Die Früchte waschen und entsteinen. Mit Zucker und Wasser zum Kochen
bringen, dann den Gries einstreuen und einigen Minuten quellen lassen.
Anschließend die Masse in eine Schüssel geben und mit Rum abschmekken. Crème fraîche, Sahne oder Quark hinzugeben und die Nüsse bzw.
Mandeln untermengen. Kalt stellen.

Suppen

Frühlingskräutersuppe
Radisuppe
Zucchinisuppe
Französische Bohnensuppe
Aufgeschmalzene Brotsuppe

Frühlingskräutersuppe

eingereicht von Frater Gotthart, Benediktinerabtei Niederalteich

je eine Handvoll Petersilie, Kerbel und Sauerampfer
½ Zwiebel, feingehackt
1 EL Butter
2 EL Mehl
½ l Bouillon

1 Tasse feingeschnittenes Brot-Gebet (getrocknetes Brot)
abgeriebene Schale von 1 Zitrone
2 Eigelb

Kräuter und Zwiebel in heißer Butter dämpfen, mit Mehl bestreuen und zwei Minuten weiter rösten, bis das Mehl eine gelbe Farbe annimmt. Mit Bouillon ablöschen und eine Viertelstunde kochen. Die Eigelbe mit der Zitronenschale und etwas Suppe in der Terrine zerklopfen. Nach Belieben das gebete Brot dazugeben und die Suppe darüber anrichten.
Variationsmöglichkeiten: Verschiedene andere Kräuter, zum Beispiel junge Brennesseln, Kresse, junger Löwenzahn, frische Birkenblätter.

Radisuppe mit Schafskäse

eingereicht von Martina Bönig, Bamberg

1 großer Rettich
1 Zwiebel
¼–½ l heiße Brühe
etwas Weißwein
etwas Zitronensaft

Dill
Petersilie
Sauerrahm
100 g geriebener Schafskäse
(mild)

Die Zwiebel in etwas Öl glasig dünsten, den Rettich reiben und zugeben. Beides kurz durchdünsten, mit Brühe aufgießen und ca. 15 Minuten auf kleiner Flamme garen; nach Belieben Weißwein, Zitronensaft und Kräuter zugeben.
Anschließend die Suppe pürieren und mit Sauerrahm abschmecken. Vor dem Servieren den Schafskäse in die Suppe reiben.

Zucchinisuppe
eingereicht von Helga Jenssen, München

5 bis 6 Zucchini	*⅛–¼ l süße Sahne*
1 Knoblauchzehe	*Basilikum, Oregano, Lieb-*
1 Stück Sellerie, 1 gelbe Rübe	*stöckl, Rosmarin*
nach Belieben	*Salz, Pfeffer*
1 Liter Fleischbrühe (Brüh-	*Olivenöl*
würfel)	*Parmesan*

Zucchini waschen, gut abtrocknen und würfeln. Zusammen mit dem geputzten und kleingeschnittenen Gemüse und der Knoblauchzehe in heißem Olivenöl anbraten. Frische Kräuter und Brühwürfel zufügen, mit Salz und Pfeffer würzen, alles dünsten, bis das Gemüse sehr weich ist. Danach die Kräuter wieder entfernen und die Gemüsemasse pürieren. Pürierte Masse mit Wasser aufgießen, bis die Suppe dickflüssig ist, noch einmal aufkochen und eventuell mit Salz und Pfeffer nachwürzen. Sahne und frisch gehackte Kräuter zufügen (nicht mehr kochen!).
Dazu paßt sehr gut frisch geriebener Parmesankäse und Weißbrot.

Französische Bohnensuppe
eingereicht von Gabriele Moritz

250 g weiße Bohnen	*½ Tl. Kümmel*
1½ l Wasser	*1 Lorbeerblatt*
Salz	*Rosmarin, Knoblauchsalz,*
50 g Schmalz	*1 Prise Zucker, 1 Schuß Essig,*
375 g mageres Hammelfleisch	*1 Bund gehackter Schnittlauch*
1 kleine Dose Tomatenmark	*2 Zwiebeln*

Bohnen über Nacht im Wasser einweichen. Am nächsten Tag im Einweichwasser 60 Min. kochen, leicht salzen. Schmalz erhitzen, Fleisch von allen Seiten darin anbraten, geschälte und gehackte Zwiebeln darin glasig werden lassen, Tomatenmark zugeben, dann in die Suppe mischen. Mit Kümmel, Lorbeerblatt, Rosmarin und Knoblauchsalz würzen. Noch etwa

80 Min. kochen. Fleisch herausnehmen, in Scheiben schneiden und wieder in die Suppe geben. Mit Salz, Zucker und Essig abschmecken. Schnittlauch darüberstreuen. Beilage: Französisches Weißbrot.

Aufgeschmalzene Brotsuppe
eingereicht von Martha Schwarz, Eggersham

1 l Suppe (Fleischbrühe, fertige Brühe oder Knochensud)
Salz
Pfeffer
1 TL Kümmel
1 TL Majoran

2 bis 3 Zwiebeln
75 g Schweinefett
50 g Butter
1 Pfund altes Hausbrot
Schnittlauch

Die Suppe mit Salz, Pfeffer, Kümmel und Majoran abschmecken, gut aufkochen und anschließend leise dahinbrodeln lassen. In einer Pfanne die halbierten Zwiebelringe in einem Gemisch aus Schweinefett und Butter dünsten.

Anschließend das Brot in feine Scheiben schneiden, in eine tiefe Schüssel geben, die Suppe darüber verteilen und das Ganze kurz zudecken.

Erst danach die Zwiebel und das in der Pfanne verbliebene Fett darunterrühren.

Zuletzt mit etwas Schnittlauch anrichten.

Hauptgerichte

Kalbsbrät-Schwammerl-Guglhupf
Kalbshaxe blau
Bobotie
Gefüllte Maultaschen
Baskentoast
Maschinbraten
Taubenfuchser
Schweineragout
Vierzehn-Tage-Schinken
Paprika-Speckräder
Eierkuchen
Hafen-Kasserolle
Faschings-Heringsrezept
Katerfrühstück
Dinkelsbühler Karpfen
Fisch im Blätterteig
Bodenseefelchen sauer
Chinesisches Hühnchen
Indische Äpfel
Cazuela
Hirschragout in Rotwein
Avocados auf Tatar
Zucchini-Taler
Blumenkohl sizilianisch
Blumenkohlplätzchen
Brennessel Büazala

Bohnenpfanne
Möhrenkroketten
Spinatpudding
Gemüsetorte
Gemüsepfannkuchen
Gebackene Tomaten
Gefüllte Tomaten
Pilzgulasch
Wildkräuter-Pilzpastete
Kohlrabikartoffeln
Eingebrannte Kartoffeln
Kartoffelschmarrn
Fransern
Feuerkartoffeln
Klausenknödel
Weißkrautknödel
Thüringer Klöße
Käseauflauf
Hirseauflauf
Schwäbische Schupfnudeln
Sauerkrautwickerl
Schwäbische Krautkrapfen
Fingerhüte
Rheinischer Bund
Dampfnudeln in Birnensoße

Kalbsbrät-Schwammerl-Guglhupf

eingereicht von Christl Deeg, München

1000 g Kalbsbrät	*2 große Knoblauchzehen*
4 Dosen Pfifferlinge à 110 g	*3 Eier*
oder 1 Pfund frische 'Reherl	*Salz, Pfeffer*
(Pfifferlinge)	*ein paar Scheiben geräucher-*
4 Bund Petersilie	*tes Wammerl (Schweine-*
4 Zwiebeln mittelgroß	*bauch).*

Die Pfifferlinge mit den kleingehackten Zwiebeln und dem gehackten Knoblauch sowie der kleingehackten Petersilie ca. 15 Minuten im Fett dünsten. Anschließend das Kalbsbrät mit den gedünsteten Schwammerln mischen, salzen und pfeffern, dann die 3 Eier darunter kneten.
Jetzt die Guglhupfform einfetten, nach Belieben mit den Wammerlschei-ben auslegen (Paprikascheiben schmecken auch sehr gut). Das gemischte Brät hineingießen und gleichmäßig verteilen. Ins Bratrohr schieben, bei ca. 220 Grad etwa 1½ bis 2 Stunden garen. Ein paar Minuten stehen lassen, in der Form ein bißchen schütteln, damit es sich von allen Seiten löst und auf eine Platte kippen.
Dazu passen Petersilienkartoffeln und gemischter Salat.

Kalbshaxe blau

eingereicht von Küchenchef Werner Schott,
Hotel »Zur Schwane«, Volkach

1 Hinterhaxe vom Kalb	*2 Lorbeerblätter*
1 EL Butterschmalz	*1 EL Pfefferkörner*
2 Karotten	*½ TL Salz*
1 Sellerie	*7 EL (100 ccm) Essig*
2 Zwiebeln	*krause Petersilie zum Gar-*
1 Stange Lauch	*nieren*

Kalbshaxe salzen und ganz kurz in Butterschmalz von allen Seiten anbra-ten. 1 Karotte, ½ Sellerie, 1 Zwiebel, ½ Stange Lauch klein schneiden und in 2 l Wasser geben. Hinzu kommen 2 Lorbeerblätter, die Pfefferkörner,

das Salz und Essig. Die Zutaten ohne die Haxe 2 Minuten kochen lassen. In den kochenden Fond legt man die angebratene Kalbshaxe und läßt sie etwa 30 Minuten köcheln. Zwischenzeitlich das restliche Gemüse in Streifen schneiden, den Sud der Haxe und das gekochte Gemüse durch ein Haarsieb passieren und in einen frischen Topf gießen. Die Haxe in dem Sud unter Hinzufügung des restlichen frischen Gemüses köcheln, bis es gar ist (etwa 30 Minuten). Beim Anrichten Gemüse mit etwas Fond über das Fleisch geben und mit frischer Petersilie bestreuen.
Als Beilage: Salzkartoffeln und frische Salate.
Dazu paßt ein trockener Silvaner.

Bobotie
eingereicht von Kristin Koch, Königsbrunn

Für den Fleischteig:

1000 g Hackfleisch	*10 getrocknete Aprikosen,*
1 große Zwiebel, gewürfelt	*zerkleinert*
2 EL Öl	*2 EL Currypulver*
1 dickes Stück Weißbrot oder	*12 abgezogene Mandeln, ge-*
1 Semmel	*viertelt*
1 EL Aprikosenmarmelade	*1 TL Salz*
4 EL Zitronensaft	*½ TL Pfeffer*
75 g Rosinen	

Für den Überzug:

4–6 Lorbeerblätter (möglichst	*2 Eier*
gleich groß)	*⅛ l Milch*

Zum Einweichen:
⅛ l Milch

Das Brot bzw. die Semmel in der Milch einweichen. Die Zwiebelwürfel im Öl glasig dünsten. Das Hackfleisch in einer Schüssel mit allen Zutaten mischen und gut verkneten. Auch das eingeweichte Brot unterkneten. In eine gefettete Auflaufform geben und glattstreichen. Die Lorbeerblätter dekorativ, z. B. als Stern, in die Mitte eindrücken.
Für den Überzug Eier mit Milch verquirlen und drübergießen. (Die Lorbeerblätter steigen während des Backens wieder an die Oberfläche)

Bei 180 Grad ungefähr 45 Minuten im Backofen backen. Mit Reis, gehackten Nüssen, Chutney und evtl. geraspelter Kokosnuß servieren.
Die Beilagen – ausgenommen den Reis – kann man über den fertigen Bobotie-Fleischteig streuen.

Gefüllte Maultaschen
eingereicht von Hertha Dietrich, Penzberg

500 g Hackfleisch	*Petersilie, Majoran, Salz,*
1 Ei	*Pfeffer, Zwiebel, ½ Becher*
1–1½ eingeweichte Semmeln	*Rahm, Knoblauch*

Für den Kartoffelteig: *ca.*
500 g gekochte Kartoffeln   *gut 1 EL Grieß*
ca. 125 bis 150 g Mehl   *1 Ei, Salz*

Vom Hackfleisch und den übrigen Zutaten einen geschmeidigen Teig machen, gut einen halben Becher Rahm zugeben, nach Belieben eine Zehe Knoblauch.
Aus den Kartoffeln und den angegebenen Zutaten ebenfalls einen Teig machen, der auf einem gut bemehlten Tuch ca. ½ cm dick ausgewellt wird. Dann reichlich mit warmer Butter bestreichen und etwas Semmelbrösel darüber streuen. Auf das mittlere Drittel des ausgewellten Kartoffelteigs die Hälfte des Fleischteigs geben, darauf grob gehackte Zwiebeln streuen. Ein äußeres Drittel des Kartoffelteigs jetzt über das Fleisch schlagen (zudecken), darauf wieder Fleischteig geben, mit Zwiebeln bestreuen und mit dem übrig gebliebenen letzten Drittel des Kartoffelteigs zudecken. Abschließend reichlich mit warmer Butter bestreichen und dann wie einen Apfelstrudel auf einem gefetteten Blech bei ca. 200 Grad 30 bis 40 Minuten backen. Dazu gibt es Reis und gemischten Salat.

Baskentoast
eingereicht von Rosemarie Berger, Wollbach

1 EL Margarine
150 g Schweinefilet
1 grüne Paprikaschote
1 mittelgroße Zwiebel
2 kleine Tomaten
125 g Champignons frisch
oder aus der Dose

16 paprika-gefüllte Oliven
Salz, Pfeffer, edelsüßer Paprika
4 Scheiben Toast
4 Scheiben Gouda-Käse

Fleisch in Streifen schneiden, anbraten. Paprikaschote und Zwiebel würfeln, zum Fleisch geben und 5 Minuten schmoren lassen.
Abgezogene Tomaten, Champignons und 12 geschnittene Oliven dazugeben und weitere 5 Minuten schmoren. Brot toasten und die Fleischmasse darauf verteilen, je 1 Käsescheibe auf den Toast legen. Zum Schluß noch die restlichen Oliven daraufgeben und würzen. Bei ca. 225 Grad etwa 5 Minuten überbacken.
Dazu paßt frischer Salat.

»Maschin« oder »Maschinbraten«
eingereicht von Hans Hahling, Pilsting

4 Schweinekoteletts
600–800 g Kartoffeln
ca. 500 g Möhren
4 Zwiebeln
200 g Lauch
nach Belieben Knoblauch

3 EL gehackte Petersilie
etwas Majoran
Salz
Pfeffer
Fett zum Anbraten
etwas Brühe.

Koteletts mit kaltem Wasser abspülen, abtrocknen, in einem Brattopf in heißem Fett auf beiden Seiten anbräunen, die gehackten Zwiebeln kurz mitdünsten, etwas Fleischbrühe angießen. Nun werden die in Würfel geschnittenen rohen Kartoffeln, die in Scheibchen geschnittenen gelben Rüben, der geschnittene Lauch und der Knoblauch abwechselnd in Lagen daraufgegeben.

21

Das Ganze wird nun zugedeckt bei mäßiger Hitze gegart. Die Garzeit ist je nach dem verwendeten Gemüse verschieden. Junge Karotten sind schneller gar.
Zubereitungszeit insgesamt 50 bis 60 Minuten. Auch im Schnellkochtopf läßt sich das Gericht zubereiten (20 Minuten nach der Gemüsezugabe).
Vor dem Servieren mit Salz u. Pfeffer würzen und gehackte Petersilie unterheben.

»Taubenfuchser«

eingereicht von Hanna Mündel, München

1000–2000 g Schweinsbraten	*⅛ l kalte Milch*
(Schulter oder Hals)	*30 g Butter*
4 Semmeln vom Vortag	*Salz*
2 Eier	*Pfeffer*
1 TL Majoran	*1 Zwiebel*

Schweinsbraten im Rohr (mit Soße für 4 Personen) knusprig braten. In der Zwischenzeit die Semmeln in nicht allzu kleine Würfel schneiden, in eine Schüssel geben und mit der kalten Milch rundum übergießen. Die Zwiebel schneiden und in Butter glasig dünsten. Etwas Salz, Pfeffer, Majoran, die gedünstete Zwiebel und 2 Eier zu der Semmelmasse geben und vorsichtig untereinandermengen, damit die Würfel möglichst ganz bleiben. 35 Minuten vor Ende der Garzeit des Bratens das Semmelgemisch löffelweise auf die Bratensoße gut verteilen. Es soll eine goldbraune Farbe bekommen, oben knusprig werden und am Ende der Garzeit des Bratens zur Hälfte von der Bratensoße durchtränkt sein.

Als Beigabe: Rohe Knödel, Kopf- oder Gurkensalat.

Schweineragout mit Bananen
eingereicht von Christine Hagl, Geisenfeld/Zell

500 g Schweineschulter	*4 TL Curry*
4 Zwiebeln	*½ geschälte Tomate*
2 EL Öl, Salz	*4 grüne Bananen*

Das Fleisch waschen und in 3 Zentimeter große Stücke schneiden. Die Zwiebeln grob hacken. Öl erhitzen, Fleisch darin anbraten. Zwiebeln zugeben und zugedeckt 5 Minuten mitgaren. Salz und Curry unterrühren und Tomaten mit Saft zugeben. Das Ragout zugedeckt etwa 1¼ Stunde garen, eventuell etwas Wasser beifügen. Dann die Bananen schälen, in kleine Stücke schneiden und zum Fleisch geben. Das Ganze zugedeckt noch einmal kurz durchbraten. Zuletzt das Ragout nochmal abschmecken. Mit Reis, Salat oder frischem Weißbrot servieren.

Vierzehn-Tage-Schinken
eingereicht von Friedrich Reikowski, Pfaffing-Forsting

vom Schwein Schinkenfleisch,	*Salz*
Schulter oder gut durchwach-	*scharfer Senf*
sener Bauch	*Honig*
Nelken	*Zwetschgenwasser oder*
Lorbeerblätter	*Obstler*
Wacholderbeeren	

Das Schweinerne sollte nicht zu dick sein und wird in Salzwasser mit Lorbeerblättern und Wacholderbeeren nicht ganz gar gekocht, damit es fest bleibt.
Dann mischt man Senf, Honig und Zwetschgenwasser zu gleichen Teilen (etwa je ein EL) und rührt es mit einem Küchenpinsel gut an. Die Schweinsschwarte in Karrees einschneiden, jedes Viereck mit einer Nelke spicken. Dann das Fleisch mit der angerührten Mixtur gut bestreichen und etwas einziehen lassen. Sodann im Grill (Backofen ist auch geeignet) unter gelegentlichem Wenden gleichmäßig bräunen lassen.

Paprika-Speckräder

eingereicht von Maria Kliebisch, Starnberg

Speckstück(e) von ca. Post-
kartengröße
3 bis 4 Zehen Knoblauch
10 bis 15 Wacholderbeeren

20 schwarze Pfefferkörner
Paprikapulver edelsüß
Lorbeerblätter

Den Speck quer in Streifen von maximal 1 cm einschneiden aber nicht durchschneiden. Die Knoblauchzehen durchpressen, mit Salz mischen. Die Wacholderbeeren und Pfefferkörner im Mörser zerstoßen. Die Knoblauch-, Wacholder- und Pfeffermasse gut mischen und auf alle Spalten im eingeschnittenen Speck verteilen, die Lorbeerblätter darauflegen, das Ganze fest in ein Pergament einschlagen und einige Tage im Kühlschrank lagern.

Den gelagerten Speck längs in ca. 1 cm breite Streifen schneiden und zu kleinen Rädern biegen. Zum Stabilisieren u. U. Rouladenspießchen verwenden. Die Räder werden nun leicht gegrillt und danach mit dem Paprikapulver rundum gepudert. (Der Grillvorgang sollte nicht zu lange dauern, da die Füllung sonst leicht bitter wird.)

Eierkuchen

eingereicht von Eva Wild

4 Semmeln
6 Eier
1 gute Messerspitze Back-
pulver
3–4 EL Mehl
1 mittelgroße Zwiebel

ca. 200 g gekochter Schinken
oder durchgewachsenes Wam-
merl (Schweinebauch) (ange-
braten)
Salz, Pfeffer, Petersilie,
Schnittlauch

Semmeln in Milch einweichen, die Eier in einer Schüssel mit Rührgerät schlagen, ausgedrückte Semmeln dazugeben. Gehackte Zwiebel und kleingeschnittenen Schinken (man kann Zwiebel und Schinken auch ein bißchen anrösten) unterrühren. 3–4 Eßlöffel Mehl und 1 Messerspitze Backpulver unterrühren. Mit Salz, Pfeffer und reichlich Petersilie abschmecken. In gebutteter Auflaufform ca. 45 Minuten bei mittlerer Hitze goldgelb bakken. Warm auf den Tisch bringen, mit Schnittlauch bestreuen. Ein frischer grüner Salat schmeckt gut dazu.

Hafen-Kasserolle
eingereicht von Charlotte Roch, Diessen

½ Lachssteak (ca. 500 g)	*1 TL Dijon Senf*
250 g Shrimps	*1 TL Majoran (zerrieben)*
1 Packung gefrorener Spinat	*¼ TL Salz*
1 große Zwiebel	*150 g Cheddar Käse*
4 EL Butter, 2 EL Mehl	*⅛ l Sauerrahm*
⅜ l Milch	*250–500 g Muschelnudeln*
1 Würfel Hühnersuppen-	*1 Ei, 2 EL Parmesankäse*
bouillon	*1 EL Paprika*
2 TL Worcestersoße	

Die Kasserolle mit Fett gut einreiben. Packung Spinat nach Vorschrift zubereiten und zur Seite stellen.
Nudeln kochen und zur Seite stellen. Fisch in kleine Würfel schneiden. Die Zwiebel kleingeschnitten in Butter leicht dünsten, dann noch 2 EL Butter und das Mehl dazugeben. Eine Minute kochen, langsam die Milch dazugeben und den Bouillonwürfel einrühren. Die Worcestersoße, den Senf, Majoran und Salz dazugeben bis eine dickliche Masse entsteht. Dann von der Platte nehmen und den Cheddarkäse dazugeben und rühren, bis der Käse zerschmolzen ist.
Fisch, Spinat und die Hälfte des Sauerrahms, sowie die Hälfte der vorgefertigten Soße in die Kasserolle geben.
Die gekochten Nudeln mit einem geschlagenen Ei leicht untermischen. Die Nudeln dann auf die bereits eingefüllten Zutaten in die Kasserolle geben und die restliche Soße darübergießen.
Obendrauf den geriebenen Parmesankäse und den Paprika geben und mit Butterflöckchen bestücken.
Im Ofen bei 180 Grad ca. 35 bis 40 Minuten backen, bei Heißluftherd ca. 5 Minuten länger.
Etwa 10 Minuten auskühlen lassen. Dazu paßt grüner Salat.

Faschings-Heringsrezept
eingereicht von Hildegard Rack, Passau

1000 g kleine Kartoffeln	*2 Lorbeerblätter, Gewürzkör-*
4 Stück Salzheringe	*ner und Pfeffer*
500 g Zwiebeln	*Kein Salz verwenden!*
100 g Butter oder Margarine	

Die Kartoffeln schälen. Die Salzheringe gut waschen und in kleine Stücke schneiden. Zu den Heringen Zwiebelringe, Pfeffer, Gewürzkörner und Lorbeerblätter geben. In einen Topf schichtenweise Kartoffeln und Heringe legen. (Die letzte Schicht muß immer aus den Kartoffeln bestehen.) Zum Schluß Butterflöckchen daraufsetzen. Das Ganze zudecken und bei Mittelhitze gar kochen.

Wenn es sein muß, kann man auch eine halbe Kaffeetasse Brühe dazugeben.

Mit grünem Salat schmeckt dieses Gericht vorzüglich.

Katerfrühstück
eingereicht von Frieda Witti, Obersinn

2 Matjesfilets	*Kapern*
Öl	*1 hartgekochtes Ei*
Essig	*2 EL Honig*

Zwei Matjesfilets in schmale Streifen schneiden, 2 EL Öl mit wenig Essig verrühren und über die Filets gießen – ziehen lassen. Ein paar Kapern darüber und ein bißchen Ei. 2 EL Honig essen und dann die Filets, dazu ein schäumendes Bier.

Dinkelsbühler Karpfen – gebacken
eingereicht von Ilse Danner, Dinkelsbühl

1 Karpfen, ca. 1500 g schwer   *Zitronensaft*
Salz   *750 g Butterschmalz*
Mehl

Den Karpfen längs halbieren und gegen den Strich schuppen, Innereien entfernen und den Karpfen unter fließendem Wasser waschen. Mit einem Tuch gut trocknen. Innen und außen leicht salzen, mit Zitronensaft beträufeln und in Mehl wenden. 750 g Butterschmalz in der Pfanne erhitzen und dann den Karpfen unter ständigem Drehen ca. 15 bis 18 Minuten goldbraun backen. (Der Karpfen kann auch wie ein Wiener Schnitzel vor dem Backen in Mehl, Ei und Semmelbrösel gewälzt werden.)
Man serviert den Karpfen mit zerlassener Butter, Kartoffelsalat und verschiedenen Salaten der Saison.

Fisch im Blätterteig
eingereicht von Lisbeth Brumann, München

2 große Scheiben Seelachsfilet   *2 Scheiben Schinken*
1 Dose Krebsfleisch oder   *etwas Knoblauch*
Krabben   *1 Stange Lauch*
3–4 Egerlinge oder Champi-   *1 Packung tiefgefrorener*
gnons   *Blätterteig*

Die zwei Scheiben Seelachsfilet mit Zitronensaft beträufeln und etwas salzen. Für die Fülle Krebsfleisch oder Krabben, Schinken, Pilze, Knoblauch, Lauch klein schneiden und in Butter dünsten. Die Fülle auf eine Fischhälfte geben, die andere Hälfte daraufsetzen und in den Blätterteig einrollen. Mit dem Kaffeelöffel kleine Rillen eindrücken, mit Eigelb bestreichen. Ein Backblech mit Folie auslegen, den Fisch im Blätterteig daraufgeben und im Rohr bei 250 Grad eine halbe Stunde backen, dann auf 150 Grad zurückdrehen, nochmals 20 Minuten backen.
Dazu passen Kartoffel- und Endiviensalat.

Bodenseefelchen sauer

eingereicht von Annemarie Rahmer, Langenargen-Bodensee

pro Person 2 Scheiben Boden-	*Salz, Pfeffer, Pfefferkörner*
seefelchen-Filet	*(ganz)*
Mehl,	*Lorbeerblätter*
Fett für die Pfanne	*Nelken*
Zitronensaft, Zitronen-	*Essigwasser (1 : 3)*
scheiben	

Filet-Scheiben mit Zitronensaft würzen, salzen, pfeffern, in Mehl wenden und in der Pfanne im heißen Fett beidseitig knusprig braten. (Wenn man zuerst die Hautseite anbrät, fällt's nicht auseinander). Fische erkalten lassen, dann in einer hohen Schüssel mit Zwiebelringen und ganzen Pfefferkörnern abwechselnd übereinander schichten. Salz, Lorbeerblätter, Nelken und Zitronenscheiben dazugeben. Das Ganze mit verdünntem Essigwasser übergießen (1 Teil Essig, 3 Teile Wasser) und kaltstellen.
Hält sich auch bei Hitze mehrere Tage. Zu servieren bei Partys aller Art, zu Silvester oder einfach zwischendurch.

Chinesisches Hühnchen

eingereicht von Uli Firsching, Ottobrunn

500 g Hühnerbrustfilet	*2 Stangen Lauch*
1 EL Öl	*4 Zwiebeln*
1 TL Chinagewürz	*1 Dose Bambus*
1 Prise Zucker	*1 EL Chinagewürz*
2 EL Sojasauce	*1 TL Salz*
100 g Cashewkerne	*Sambal oelek*
10 g getrocknete chin. Pilze	*5 EL Sojasauce*
(Mu-err, deutsch: Wolkenohr-	*2 EL Sherry*
pilz)	*Öl zum Braten (Sesamöl)*
200 g Sojakeime (Dose)	*⅛ l Hühnerbrühe (Würfel)*
2–3 getrocknete Chilischoten	*1 TL Stärkemehl*

Hühnerbrüstchen entweder selbst auslösen oder gleich Filets kaufen. Dann die ausgelösten Teile in mundgerechte Häppchen schneiden und in Öl, Chinagewürz, Zucker und Sojasauce marinieren. (ca. 2 Stunden). Pilze einweichen, anschließend gut waschen, harte Teile entfernen und etwas zerkleinern. Bambus in kleine Streifen oder Stückchen schneiden, Lauch in kleine Ringe schneiden, Zwiebel mittelgrob würfeln.

2 EL Öl heiß werden lassen und die Zwiebeln und Chilischoten anbraten. Wer es weniger scharf mag, sollte den Chili nach kurzer Zeit wieder herausnehmen. Lauch dazugeben, Zwiebel glasig dünsten, dann Bambus und Pilze dazugeben und mit dem Chinagewürz, Salz, vorsichtig mit Sambal (ca. ¼ TL) würzen, Sherry und Sojasauce beifügen, dann mit der heißen Hühnerbrühe (Würfel) aufgießen und ca. 5–8 Minuten köcheln lassen. (Das Gemüse soll noch Biß haben.)

Inzwischen kann man das Hühnerfleisch (es hat die Marinade voll aufgesaugt) kurz »pfannenrühren«; das heißt, in Öl unter ständigem Rühren kurz braten bis das rosafarbene rohe Fleisch weiß geworden ist. Beiseite stellen und warm halten.

Im gleichen Fett die Cashewkerne hellbraun rösten. Nun das Stärkemehl mit etwas Sherry anrühren, unter das Gemüse geben und kurz aufkochen lassen. Das Fleisch, die abgetropften Dosen-Sojasprossen (falls Sie frische bekommen, diese rasch blanchieren) und die Cashews unter das Gemüse ziehen und zusammen nochmals heiß werden lassen. Nicht mehr kochen, sonst wird das Fleisch hart. Eventuell nochmals abschmecken.

Dazu schmeckt körniger, ungesalzener Reis.

Indische Äpfel

eingereicht von Heidi Schulz, Kaufbeuren

*300 g Hühnerbrustfilet oder
Putenschnitzel
1 kleine Zwiebel
1 kleine Dose geschnittene
Champignons
1 TL Curry
½ gestrichener TL Salz*

*¼ TL weißer Pfeffer
1 großes rohes Ei (oder 2
kleine)
1½ EL Semmelbrösel
4 große Äpfel (Boskop oder
Golden Delicious)
1 Päckchen Currysauce*

Die Hühnerbrustfilets (oder Putenschnitzel) in feine Streifen schneiden.
Die Zwiebel sehr fein würfeln. Geschnittene Pilze noch etwas kleiner
hacken und alle Zutaten mit Curry, Salz, Pfeffer, Ei und Semmelbröseln
vermischen.
Die Äpfel waschen, den Deckel abschneiden und das Innere bis auf ein
Rand von 1 bis 1½ cm aushöhlen. Die Füllung in die Äpfel geben, auf ein
geöltes Stück Alufolie setzen und locker einschlagen. Im vorgeheizten
Backofen auf der mittleren Schiene ca. 25 Minuten bei 180 Grad garen.
Aus dem Päckchen Currysauce mit Wasser eine Soße zubereiten. Das
Ausgehöhlte der Äpfel kurz mitdünsten. Mit Reis servieren.

Tip: Die indischen Äpfel können gut schon am Vortag vorbereitet werden,
man schiebt sie dann nur noch in den Backofen.

Cazuela aus Chile

eingereicht von Titti Irmgard Engert, Neumarkt/Opf.

*Wasser, Salz, Pfefferkörner,
Wacholderbeeren, 1 Lorbeerblatt
pro Person: ¼ Hühnchen
2 mittelgroße, geschälte, ganze
Kartoffeln
1 ganze Karotte*

*1 ganze Zwiebel
1 Maiskolben
etwas gewürfelten Kürbis
1 EL Reis, oder einen TL
(Mais-)Grieß
Oregano*

Das Wasser mit den Gewürzen zum Kochen bringen, dann die Fleisch-stücke einlegen. Nach der halben Garzeit das unzerkleinerte Gemüse zugeben, zu Ende kochen. (Bei Maiskolben aus der Dose gibt man diese erst am Schluß zu und läßt sie nur heiß werden.) Dann legiert man mit Reis oder Grieß, läßt ihn ausquellen und schmeckt das Gericht mit Oregano ab.

Serviert wird in einem Suppenteller, und zwar zuerst die Beilagen, dann wird der Teller randvoll mit Brühe aufgefüllt. Zuerst löffelt man dann die Brühe aus, die Beilagen werden anschließend zu Weißbrot und Rotwein gegessen.

Dieses Gericht kann man ebenso mit Rind-, Kalb-, Hammel- oder auch Schweinefleisch zubereiten. Pro Person rechnet man 100 bis 150 g Fleisch.

Hirschragout in Rotwein
eingereicht von Josef Wirt, Dießen

ca. 2000 g Hirschfleisch vom Hals, von der Wade oder aus der Dünnung mit Knochen

für die Beize:

3 Teile herben Rotwein
1 Teil Wasser
2–3 Zitronenscheiben
½ EL Wacholderbeeren (zerstoßen)
2–3 Lorbeerblätter
2 Gewürznelkenblüten
1 Zwiebel (grob geschnitten)
1 Karotte (grob geschnitten)
¼ Sellerieknolle (grob geschnitten)
etwas Lauch
½ Knoblauchzehe
ein paar Pfefferkörner, Thymian und Rosmarin nach Belieben

Das Fleisch mindestens 1–2 Tage in die Beize einlegen (Haltbarkeit bei Kühlung 14 Tage). Die Beize muß das Ragout ganz bedecken. Man kocht das Fleisch in der Beize solange, bis es weich ist. (Dann lassen sich die Knochen leicht herausziehen). Die Garzeit ist abhängig vom Alter des Hirsches. Sud abgießen, Knochen entfernen, das Fleisch in 1–1½ cm große Würfel schneiden. Für die Soße stellt man eine dunkle Einbrenne her und gießt den Sud auf. (Einbrenne und Sud müssen unterschiedliche Temperatur haben, damit es keine Klumpen gibt). Mit Wildgewürz abschmecken. Das Fleisch in die Soße geben und erhitzen. Zum Verfeinern etwas Sauerrahm oder Crème fraîche. (Darf nicht mehr kochen, weil die Sahne sonst gerinnt).

Beilagen: Spätzle, breite Nudeln oder Knödel, Salat, Preiselbeeren. Dazu schmeckt ein leichter Rotwein.

Avocados auf Tatar
eingereicht von Barbara Sossau, Neumarkt/Opf.

200 g Tatar	*etwas Salz*
2 Eigelb	*Pfeffer*
3 gehackte Sardellenfilets	*edelsüßer Paprika*
1 EL gehackte Zwiebel	*Tabasco*
1 EL Kapern	*4 Scheiben Graubrot à 50 g*
4 feingehackte paprikagefüllte Oliven	*1 reife Avocado (300 g)*

Die Zutaten vom Tatar bis zum Tabasco gut vermischen und auf den Brotscheiben verteilen. Avocado längs halbieren, den Kern entfernen. Fruchtfleisch aus der Schale heben und in dünne Scheiben schneiden. Auf dem Tatar anrichten, leicht salzen und pfeffern.

Zucchini-Taler
eingereicht von Egbert Steindl, Ruhstorf

Zucchini mit 4–5 cm Durchmesser	*Scheibenkäse*
	Mehl, Ei, Semmelbrösel
gekochter Schinken	

Die Zucchini schälen und in etwa 1 cm dicke Scheiben schneiden, das Kernhaus nicht entfernen. Diese Scheiben salzen und leicht pfeffern. Mit Plätzchen-Ausstecherln stellt man aus dem Schinken und dem Käse ebenfalls solche Scheiben her und kann dann die erste Hälfte der Zucchinischeiben, die auf einem Backblech vorbereitet sind, damit belegen. Hat man die Käse- und Schinkenscheiben aufgelegt, wird das Ganze mit einer zweiten Scheibe Zucchini bedeckt.

Nun kommt das Blech für etwa ½ Stunde in den Tiefkühlschrank, damit alles leicht gefriert und somit zusammenhält. Danach werden die Zucchinischeiben mit Ei, Mehl und Semmelbrösel paniert und wieder für mindestens eine Stunde in den Tiefkühlschrank gestellt.

Schließlich werden sie in einer Friteuse bei mittlerer Hitze goldgelb gebacken.

Diese Zucchini-Taler sind sehr gut bekömmlich und auch für heiße Tage ein ideales Essen, da sie warm und kalt gleich gut schmecken.

Blumenkohl sizilianisch
eingereicht von Eleonore Berger, München

1 Blumenkohl	*1 rote scharfe Paprikaschote*
2–4 Knoblauchzehen	*2 EL Sultaninen*
½ Dose Tomaten	*1 Prise Salz*
ca. 10 grüne Oliven	*Olivenöl*

Den Blumenkohl zerpflücken. Die Röschen zusammen mit den Knoblauchzehen, den Tomaten, den Oliven, der kleingeschnittenen Paprikaschote, den Sultaninen und einer Prise Salz in Olivenöl und einer viertel bis halben Tasse Wasser dünsten, bis der Blumenkohl weich ist. Dauert ca. 30 Minuten.

Dazu paßt Kartoffelbrei mit Semmelbröseln.

Blumenkohlplätzchen
eingereicht von Rita Höppel, Roßtal

1 mittelgroßer Blumenkohl	*3 EL Pflanzenöl*
2 Eier	*Salz, Curry, Pfeffer, geriebe-*
1–2 EL Mehl	*ne Muskatnuß*

Blumenkohl putzen, waschen und auf einer großen Reibe raspeln. Den geraspelten Blumenkohl mit Salz, Curry und Muskat würzen. Danach die ganzen Eier und das Mehl unterrühren, so daß ein Teig entsteht. Öl in der Pfanne erhitzen. Für jedes Blumenkohl-Plätzchen zwei EL Teig in die Pfanne geben. Bei mäßiger Hitze von beiden Seiten goldbraun backen. Als Beilage eignen sich Salzkartoffeln und grüner Salat.

Brennessel-Büazala

eingereicht von Brunhilde Miksch, Sulzbach-Rosenberg

500 g junge Brennesseln	*1 mittelgroße Zwiebel*
2 bis 3 Semmeln	*1 Knoblauchzehe*
3 bis 4 Eier	*Muskat, Majoran, Salz,*
Semmelbrösel nach Bedarf	*Pfeffer*

Die Brennesseln putzen und waschen, in wenig kochendem Wasser rasch abwellen, gut abtropfen lassen und fein hacken oder durch den Fleischwolf drehen. Inzwischen 2 bis 3 Brötchen einweichen, ausdrücken und mit 3 bis 4 Eiern, der feingehackten Zwiebel, der Knoblauchzehe, Muskat, Majoran, Salz und Pfeffer zu einem Teig verarbeiten. Bei Bedarf etwas Semmelbrösel zufügen. Gleichmäßig große Küchlein formen (wie Fleischpflanzerl) und bei mäßiger Hitze langsam gar braten.
Dazu reicht man Bratkartoffeln und Salat.

Bohnenpfanne

eingereicht von Erna Felder, Oberammergau

500 g Buschbohnen oder	*1 Bund Petersilie,*
flache Stangenbohnen	*1 mittelgroße Zwiebel*
100 g geräuchertes, mageres	*Streuwürze*
Wammerl (Schweinebauch)	*3 Eier*
Butter oder Margarine,	*3 EL Milch*

Bohnen waschen, Stielansatz entfernen, brechen oder schneiden, in kochendes Salzwasser geben, circa ¼ Stunde leicht köcheln lassen, dabei Bohnenkraut mitkochen.

Geräuchertes in kleine Würfel schneiden, in einer großen Pfanne langsam ausbraten. Fett zugeben und Zwiebel andämpfen, Petersilie schnell darüberstreuen (gibt Pilzgeschmack), die Bohnen untermischen und kräftig rösten. 3 Eier mit 3 EL Milch, Würze, Pfeffer, Salz verquirlen, über die Bohnen schütten und weiter rösten, bis die Eiermasse stockt.
Schmeckt gut mit einem Glas Wein, Salat oder Kompott.

Möhrenkroketten
eingereicht von Hildegard Schairer, Unterschleißheim

500 g gekochte Kartoffeln
500 g rohe Möhren
1 große Zwiebel
100 g Salami oder Schinken
1–2 Eier

Pfeffer, Salz, Muskatnuß,
Cardamom oder Koreander,
Petersilie, Fett für die Pfanne,
1 EL Mehl zum Binden

Die Kartoffeln, die Möhren, die Zwiebel und die Wurst dreht man durch den Fleischwolf, gibt die übrigen Zutaten dazu und mischt gut durch. Aus dieser Masse formt man »Pflanzl« (Frikadellen) und brät diese in heißem Fett in der Pfanne, bis sie auf beiden Seiten schön braun sind.
Zu diesen Kroketten serviert man am besten Salat.

Spinat-Pudding
eingereicht von Brigitte Zimmermann, München

50 bis 60 g Butter
6 Eier
500 g Spinat (ausgedrückt und
gewiegt)
1 EL gehackte Zwiebel
1 EL Petersilie

3 bis 4 in halb Wasser, halb
Milch eingeweichte Tafelbrot-
schnitten
Salz
Pfeffer
2 EL Sauerrahm

Butter schaumig rühren. 6 Eigelb daruntermischen, dann Spinat kochen, ausdrücken, mit dem Wiegemesser kleinschneiden und dazugeben. Die

leicht angeschwitzten Zwiebeln und die Petersilie dazu. Die ausgedrückten Weißbrotscheiben oder Semmeln, Gewürze, Eischnee und Sauerrahm druntermischen. Zum Schluß in die gut ausgefettete und mit Semmelbrösel eingestreute Puddingform geben, gut schließen und im Wasserbad 1½ Std. kochen.
Dazu kann man Buttersoße oder Champignonsoße servieren.

Gemüsetorte
eingereicht von Gisela R. Friedrich, Niedergebraching-Pentling

1 mittelgroße Aubergine	*Tabasco*
2–3 kleine Zucchini	*Pizzagewürz*
je eine rote, gelbe und grüne	*1 Packung Pizzateig (oder*
Paprika	*selbstgemachten Hefeteig)*
3–4 Tomaten	*1–2 Packungen Blätterteig-*
1 große Zwiebel	*brötchen (oder gefrorenen*
3–4 Knoblauchzehen	*Blätterteig)*
eventuell einige Oliven, Pfef-	*etwas Butter und Olivenöl*
fer, Salz, Paprikapulver	*Eigelb zum Bestreichen*
Sojasoße	

Die Gemüseteile nicht zu klein schneiden, das Olivenöl in der Pfanne erhitzen und zuerst den gehackten Knoblauch und nach und nach das andere Gemüse zugeben. Mit Pfeffer und Salz, Paprika, Sojasoße und Tabasco würzen. Am Schluß etwas Butter dazugeben und nur ganz wenig aufgießen.
In der Zwischenzeit eine rechteckige oder runde Form mit dem Pizzateig auslegen und bei 200 Grad fünf bis zehn Minuten vorbacken. Dann die Gemüseschnitzel (ohne Saft) auf die Form geben, mit dem Pizzagewürz bestreuen und mit den Blätterteigbrötchen abdecken. Die Brötchen kann man ein- oder zweimal auseinandernehmen. (Wichtig: nicht ganz dicht zudecken, damit Luftlöcher für den Dampf bleiben.)
Die gefüllte Form dann in den Backofen schieben und 30 bis 40 Minuten bei 180–200 Grad backen. Kurz vor dem Servieren mit Eigelb bestreichen. Die Gemüsetorte schmeckt zu gebratenem Fleisch und zu Salat.

Gemüsepfannkuchen
eingereicht von Karin Stauder, Kaufbeuren

8 EL Mehl
etwas Backpulver (ca. 1 Mes-
serspitze)
3 Eier

etwas Salz
ca. ½ l Milch
Öl zum Rausbacken

Aus Mehl, Backpulver, Eiern und Milch einen gleichmäßigen Pfannku-
chenteig herstellen. Mit Öl in der Pfanne die Pfannkuchen flach herausbak-
ken, mit Gemüse (z. B. Spinat, Erbsen, Karotten, Zucchini, Auberginen)
füllen, einrollen, mit geriebenem Käse besteuen (Emmentaler oder Par-
mesan) und sofort servieren. Dazu gibt es Salat.

Gebackene Tomaten
eingereicht von Dorle Ackstaller, Gräfelfing

pro Person 2 bis 3 Tomaten
(keine Fleischtomaten)
Speck zum Auslassen
Zwiebeln
Majoran, Salz, Pfeffer

Brühe (Würfel)
Semmelbrösel (eventuell mit
geriebenem Käse vermischt)
Butter zum Überbacken

Tomaten quer halbieren und in eine feuerfeste Form setzen, Schnittfläche
nach oben. Speck würfeln und auslassen. Zwiebeln fein hacken und
zusammen mit den anderen Gewürzen sowie dem ausgelassenen Speck
samt Fett über die Tomaten verteilen. Dann vorsichtig die Brühe angießen
bis etwa an den Tomatenrand. Schließlich Semmelbrösel über Tomaten
und Brühe streuen (das gibt die Bindung für die Soße). Ein paar Butterflöckchen obenauf setzen und das Ganze bei 200 Grad etwa ½ Stunde im
Rohr überbacken. Dazu schmecken Reis, Nudeln, Kartoffeln, alle Arten
von gebratenen Würsteln, Fleischpflanzerl oder Koteletts natur.

Gefüllte Tomaten
eingereicht von Marga Sendner, Nürnberg

Pro Person 2 Tomaten (oder
1 Fleischtomate)
1 Bismarckhering
1 kleine Gewürzgurke (oder
½ normale)

1 EL Zwiebelwürfel
2 TL Senf
1 EL Haferflocken
etwas Salz, Pfeffer, Paprika

Das obere Drittel der Tomaten abschneiden, das Innere mit einem Kaffee-löffel aushöhlen. Das Tomatenmark kleinschneiden, in einer Kasserolle dünsten. Salz, Pfeffer und Paprika dazugeben, etwas einkochen lassen, dann Haferflocken hinzufügen. Es sollte eine dicke Masse entstehen. Den Bismarckhering, die Gurke und die Zwiebel feinhacken. Alles zur Toma-ten-Haferflocken-Masse geben, Senf dazu und alles gut mischen. An-schließend Masse in die Tomaten füllen, den Deckel aufsetzen. Den Rest der Masse in einer Kasserolle etwas verdünnen, die Tomaten hineinsetzen und kurz aufkochen. Bei geschlossenem Topf ca. 3 Minuten dünsten. Tomaten nicht zu weich werden lassen. Dazu schmecken am besten Nu-deln.

Pilzgulasch
eingereicht von Hermine Schöppl, Hohenburg

400 g Champignons
150 g rohen, pürierten
Schinken
1 mittelgroße Zwiebel

1 Tomate
1 Becher süße Sahne
½ EL Mehl, Petersilie, Pfef-
fer, Fett

Die geschnittene Zwiebel und etwas Petersilie in Fett andünsten, geschnit-tene Champignons und rohen Schinken dazugeben, unterrühren und anbraten. Die geschnittene Tomate hinzugeben, mit etwas Mehl anstau-ben, dann mit der Sahne aufgießen und etwa 10 Minuten zugedeckt dünsten lassen. Mit Pfeffer abschmecken und zum Schluß mit Petersilie garnieren. Dazu passen Salzkartoffeln oder Spätzle und Salat.

Wildkräuter-Pilz-Pastete
eingereicht von Marianne Weigl, Heimstetten

Kräuter je nach Jahreszeit	*Butter Mehl*
z. B. Brennessel, Löwenzahn,	*Salz Pfeffer*
Spitzwegerich, Girsch, Vogel-	*Basilikum*
miere, Bärlauch, Kerbel, oder	*Majoran*
Knoblauch oder Schalotten	*Petersilie*
dazu Pilze je nach Geschmack	*Semmelbrösel*
und Vorhandensein	*tiefgefrorenen Blätterteig*

Kräuter und Pilze fein schneiden und in Butter etwas andünsten. Mit Mehl bestäuben, mit wenig heißem Wasser oder Rahm ablöschen, danach würzen (Salz, Pfeffer, Basilikum, Majoran, Petersilie) und abkühlen lassen. Auflaufform mit Fett bestreichen und Semmelbröseln bestreuen. Mit einer Lage Blätterteig auslegen, Kräutermasse darauf – wieder eine Lage Blätterteig – Kräutermasse. Zum Schluß mit Blätterteig alles schön abdecken, eventuell mit ausgestochener Blätterteigblume verzieren und mit Eigelb bestreichen.
Alles im vorgeheizten Backofen goldgelb backen (ca. 30 bis 40 Minuten).
Dazu paßt grüner Salat.

Kohlrabikartoffeln
eingereicht von Rita Höppel, Roßtal

500 g Kohlrabi	*1 Bund Schnittlauch*
400 g Kartoffeln	*Salz, frisch gemahlener*
ca. 7 EL (100 ccm) Milch	*Pfeffer*
100 g Schmelzkäse	

Kohlrabi und Kartoffeln schälen und in Stifte schneiden. In einem Achtel Liter Salzwasser 15 bis 20 Minuten garen. Inzwischen die Milch und den Käse bei kleiner Hitze cremig verrühren. Mit Pfeffer und Salz abschmekken. Den feingeschnittenen Schnittlauch unterrühren. Die Käsesoße über das abgegossene Gemüse gießen und vorsichtig unterheben. Dazu gibt es Spiegeleier und grünen Salat.

»Eingebrannte Kartoffeln«
eingereicht von Ruth Neumann, Vaterstetten

500 g Suppenfleisch (am besten von der Schorrippe)	*Salz – etwas Maggi*
1000 g Kartoffeln	*1 Bund Petersilie*
20 g Margarine	*Senf – saure Gewürz- oder*
1 EL Mehl	*Salzgurke als Beigabe*

Das Suppenfleisch weichkochen. In dieser Brühe (das Fleisch nicht mehr mitkochen) die grobgeschnittenen Kartoffeln garkochen. Eine helle Einbrenne (aus der Margarine und dem Mehl) herstellen und sie so in die Brühkartoffeln einrühren, daß diese nicht zu Brei werden! Das Gericht aufkochen, abschmecken, Petersilie und das in Scheiben geschnittene Fleisch dazugeben und mit den Gurken als Beilage servieren.

Kartoffelschmarrn mit Holunderkompott
eingereicht von Anna Hauser, Bad Tölz

1000 g Pellkartoffeln (vom Vortag)	*Muskatnuß*
200–300 g Mehl	*1 kg Holunder*
1 TL Salz	*250 g Zwetschgen*
	Zucker

Die kalten Pellkartoffeln vom Vortag (ohne Schale) reiben oder durch die Kartoffelpresse drücken und leicht salzen. Mehl darüberstreuen und durchkneten. Dabei soviel Mehl dazugeben, bis der Teig trocken und brösig ist. Mit Muskatnuß abrunden. Pfanne erhitzen, den Teig hineingeben und von Zeit zu Zeit umwenden. Wenn die Kartoffeln heiß sind, Fett oder Öl hinzufügen, damit der Schmarrn Farbe bekommen kann und knusprig wird.
Holunderbeeren von den Stielen abstreifen und etwa 15 Minuten kochen, bis sie weich sind. (Ungekochte Holunderbeeren sind giftig!) Zwetschgen oder eingemachte Pflaumen druntermischen, 2 Teelöffel Mehl mit Wasser anrühren, dazugeben und nochmals aufkochen lassen. Das kalte Kompott zum heißen Kartoffelschmarrn servieren.

Variante: Man kann zum Kartoffelschmarrn jedes andere Kompott servieren, schmeckt aber auch mit Sauerkraut, Blaukraut oder Salat.

»Fransern« (altbayerisches Kartoffelgericht)
eingereicht von Gundi Woias, Büchlberg

1000–1500 g Kartoffeln	*etwas Salz*
3 alte Semmeln	*½ l Sauermilch mit Rahm*

Semmeln fein schneiden, mit Sauermilch und Rahm übergießen, leicht salzen, durchmengen und ziehen lassen.
Rohe Kartoffeln mit einer Reibe (nicht zu fein) in etwas Salzwasser reiben.
Ein grobmaschiges (Leinen-)Tuch über ein Sieb legen. Das Kartoffelmus hineinschütten und mit Hilfe des Tuches ausdrücken. Die Kartoffelmasse zu den angeweichten Semmeln geben und locker untermengen. Eine große Bratreine (Bratpfanne) gut einfetten, die Kartoffel-Semmelmasse einfüllen und auseinanderzupfen. Mit Butterflocken belegen und im vorgeheizten Bratrohr bei Mittelhitze ca. 30 Minuten backen. Nach der halben Backzeit umdrehen, in Stücke zerteilen und fertig backen.
Dazu gibt es Apfelmus, Sauermilch oder Sauerkraut nach Belieben.

Feuerkartoffeln
eingereicht von Renate Feuchtgruber, Ampfing

1000 g Kartoffeln	*2 grüne Paprikaschoten*
1 Paar Wiener	*1 EL Salz*
1 Paar Debreziner	*1 EL Paprika*
1 Paar Landjäger	*1 TL Chili*
1 Paar Bratwürstl	*1 TL Curry*
250 g Hackfleisch	*1 TL Majoran*
100 g Sauerkraut	*2 Bund Schnittlauch*
1 Stange Lauch	*50 g Butter*
4 Zwiebel	*8 Scheiben Käse*

Sämtliche Würstchen in Scheiben schneiden, scharf anbraten, Hackfleisch auch anbraten. Kleingeschnittenes Gemüse und Sauerkraut dazugeben und mitdünsten (etwa 10 Minuten). Gewürze, Schnittlauch und kleingeschnittene Kartoffeln unterrühren, in eine feuerfeste Form (ausgebuttert) füllen und glattstreichen. Mit Käsescheiben belegen.
Im Backofen bei 180 bis 200 Grad 20 bis 30 Minuten backen und anschliessend mit grünem Salat servieren.

»Klausen-Knödel«

ein altes Tiroler Rezept eingereicht von Hannelore Meyl, Prien

6 feinblättrig geschnittene Semmeln (Knödelbrot)	*nes Wammerl (Schweinebauch), geräuchert*
ca. 14 EL (200 ccm) lauwarme Milch	*100 g würziger Käse, in Würfel geschnitten*
3–4 gekochte, grob geriebene Kartoffeln vom Vortag	*3 Eier*
150 g gewürfeltes, ausgelasse-	*Petersilie, Salz, Pfeffer*

Die Milch über die geschnittenen Semmeln gießen und solange ziehen lassen, bis die Masse weich ist. Die Eier drüber schlagen, die geriebenen Kartoffeln sowie die Wammerl- und Käsewürfel dazugeben. Petersilie, Salz und Pfeffer nach Geschmack. Die Masse muß so beschaffen sein, daß eine Delle bleibt, wenn man mit dem Finger hineindrückt.
Flache Knödel wie Fleischpflanzerl formen und in der Pfanne mit heißem Butterschmalz (1–2 TL) oder Schweinefett rausbacken.
Am besten schmecken die »Klausen-Knödel« heiß zu frischem Salat. Übriggebliebene Knödel kann man später in klarer Fleischbrühe aufwärmen und als Suppeneinlage essen.

Weißkraut-Knödel

oder »Weißkraut-Backes« eingereicht von Maria Koller, Ludwigschorgast

1000 g Weißkraut (Weißkohl)	*600 g Mehl*
4 Eier	*1 Prise Salz*
100 g Gries	*¾ l Wasser*
100 g Semmelbrösel	

1. Variante: Das Kraut hobeln, einsalzen und eine halbe Stunde ziehen lassen. Inzwischen aus den übrigen Zutaten einen festen Teig zubereiten. Aus dem Weißkraut mit beiden Händen das Wasser ausdrücken, das Kraut in den Teig geben und gut durchkneten. Sofort Knödel formen und in kochendes Salzwasser geben. 20 bis 25 Minuten ziehen lassen.

2. Variante: Wenn man »Backes« machen will: die gleiche Menge wie für die Knödel nehmen. Die Knödel mit beiden Händen flachdrücken, in Salzwasser ziehen lassen und mit dem Schaumlöffel herausnehmen. Abtropfen lassen und in der Pfanne mit heißem Fett von beiden Seiten goldgelb backen. Mit gerösteten Zwiebeln servieren.

Zur 1. Variante schmeckt am besten Schweinebraten, die 2. Variante kann man als Hauptgericht mit Salat servieren.

Thüringer Klöße

eingereicht von Eva Brödenfeld, Coburger Kloßküche

10 große Kartoffeln, möglichst	*Salz*
mehlig kochend (reicht für 4	*Stärke*
bis 5 Klöße, pro Person wer-	*Kloßweiß*
den als Beilage 2 Klöße ge-	*Weißbrot*
rechnet)	*Butter*

Die Kartoffeln schälen, danach zwei Drittel der Kartoffeln zum Kochen klein schneiden, mit reichlich Wasser (gut bedeckt) aufsetzen und breiig kochen.

In der Zwischenzeit das restliche Drittel der Kartoffeln roh reiben, etwas Kloßweiß dazugeben und durchmengen. Das Reibgut dann in ein Kloßsäckchen geben (ersatzweise ein grobes Baumwoll- oder Leinentuch), zubinden und in einer Kartoffelpresse (ersatzweise Saftpresse oder ähnliches) ausdrücken. Das Reibgut muß möglichst trocken sein. Dann das Reibgut in eine große Schüssel geben und mit etwas Salz und Stärke mischen. Die gekochten Kartoffeln noch auf der Herdplatte zu einem ganz feinen Brei quirlen, den noch stark kochenden Kartoffelbrei nach und nach zu dem Reibgut gießen und die Masse mit einem Kochlöffel so lange kräftig durchschlagen, bis der Teig locker ist und sich von der Schüssel löst.

Klöße formen, eine Einbuchtung drücken und in Butter geröstete Weißbrotwürfel hineingeben. Die Klöße können noch kurz in heißes Wasser gelegt werden und müssen dann schnell serviert werden. Thüringer Klöße passen zu jedem Braten.

Käseauflauf
eingereicht von Martha Raschdorf, Memmingen

> *1 Packung tiefgefrorener Blätterteig*
> *100 g kleingeschnittener Appenzeller oder Edamer*
> *200 g Kochschinken oder Ripperl*
>
> *1 große Stange Lauch*
> *1 großer Becher süßer Rahm*
> *2 Eier*
> *Salz*
> *Pfeffer*

Aufgetauten Blätterteig auf den Boden und an den Rand einer ausgebutterten Glasform legen. Darauf den kleingeschnittenen Käse geben. Den Lauch ganz fein schneiden. Den in Würfel geschnittenen Schinken oder Ripperl über den Käse streuen. Den Rahm mit zwei Eiern, Salz und Pfeffer verquirlen und zum Abschluß darüber gießen.

Den Auflauf etwa eine Stunde lang bei ca. 190 Grad backen.

Hirseauflauf
eingereicht von Erna Kolonko, Donauwörth

400 g Hirse	*1–2 EL saure Sahne*
1 l Milch	*Vanillezucker*
4 Eier	*Zitronensaft*
1 Tasse Zucker	*Salz*
1 EL Quark	

Die Hirse in der Milch mit einer Messerspitze Salz weichkochen (wie einen Reisauflauf erst kurz aufkochen, dann bei niedriger Temperatur 20 bis 25 Minuten quellen lassen). Abkühlen lassen. Von den Eiern Eiweiß und Eigelb trennen und das Eiweiß zu Schnee schlagen. Die Hirse in eine Schüssel, die Zutaten der Reihe nach untermengen und gut mischen. In gefettete Bratreine füllen, Butterflöckchen oben drauf verteilen und bei 180 Grad im Rohr eine knappe Stunde goldgelb backen. Mit Kompott servieren.

Variante: Statt mit Milch kann der Hirseauflauf mit Fleischbrühe zubereitet werden; Zucker bis auf eine Prise weglassen, sonst gleiche Zutaten verwenden. Dazu paßt Lauch.

Hirse eignet sich hervorragend als Fastenspeise, denn Hirse ist eines der nahrhaftesten Getreide überhaupt.

Schwäbische Schupfnudeln
eingereicht von Kreszenz Wacker, Frankfurt

300 g Mehl	*1 Becher süßer Rahm*
1 Ei	*Salz, Wasser*
250 g trockener Magerquark	

Den Quark auf ein Sieb schütten und etwa einen halben Tag abtropfen lassen. Die Zutaten zu einem geschmeidigen Teig verarbeiten. Mit mehligen Händen kleine Teigstücke zu 5 cm langen und bleistiftdicken Nudeln drehen (schupfen). Auf bemehlter Fläche auslegen.

Bei mittlerer Hitze in der Bratpfanne mit Butterschmalz goldgelb ausbacken. Zum Schluß einen Becher süßen Rahm darübergießen und einköcheln lassen. Die Schupfnudeln sollen noch weiß und cremig vom Rahm sein, wenn sie serviert werden.

Dazu gibt es Sauerkraut mit oder ohne Fleisch.

Sauerkraut-Wickerl

eingereicht von Erna Müller, Tacherting

Strudelteig (der gleiche wie   *fertig gekochtes Sauerkraut*
beim Apfelstrudel)   *(gut abtropfen lassen)*

Den Teig ausrollen oder ausziehen (nicht so dünn wie beim Apfelstrudel). Kraut auf dem Teig verteilen, dann einrollen, und zwar mit einem Tuch, genau wie beim Apfelstrudel.
Danach den Teig in ca. 6 Zentimeter lange Stücke schneiden. Mit der Schnittfläche in heiße Margarine oder Öl setzen und knusprig braun werden lassen (auch die andere Schnittfläche bräunen).
Sauerkraut-Wickerl schmecken heiß und kalt.

Schwäbische Krautkrapfen

eingereicht von Gertrud Diensthuber, Kienberg

650 g Sauerkraut   *2–3 Eier*
300 g Mehl   *2–3 EL lauwarmes Wasser*
Salz   *1 EL Öl*

zum Backen:
ca. 2 EL Butterschmalz   *1 Becher süßer Rahm*
gut ¼ l Milch

Aus Mehl, Salz, Eier, Wasser und Öl einen Nudelteig herstellen. 3 bis 4 Flecke dünn ausrollen, etwas antrocknen lassen, das schon fertig gekochte und ausgekühlte Sauerkraut gut abtropfen lassen und auf dem Teig verteilen, dabei einen Rand von 2 bis 3 cm freilassen. Feste Teigrollen formen, mit einem scharfen Messer 4 bis 5 cm lange Streifen schneiden und mit der Schnittfläche in das heiße Fett setzen. Auf beiden Seiten anbräunen, mit Milch und Rahm aufgießen, Hitze reduzieren, zudecken und ca. 20 Minuten garen.
Dazu paßt frische Milch.

Fingerhüte
eingereicht von Helga Aigner, Regenstauf

ca. 450 g Mehl	*Margarine*
ca. 1 EL Öl	*ca. 2 Hand voll Zwiebellauch*
etwas warmes Wasser	*1½ l Milch*
Salz	

Aus Mehl, Öl, Wasser und Salz einen Teig kneten, zur Rolle formen, diese in sieben bis acht Stücke schneiden und dann auswellen. Die ausgewellten Teile mit Margarine bestreichen und das kleingeschnittene Zwiebellauch darauf verteilen. Etwa viermal in gleicher Richtung übereinanderschlagen und in vier Stücke schneiden. Eine große Pfanne gut mit Margarine oder Pflanzenfett ausfetten, die Teigstücke schindelartig einschichten und mit Margarine bestreichen. Auf der zweiten Stufe von unten in die Röhre stellen (250 Grad). Nach ca. 20 bis 25 Minuten, wenn die Fingerhüte braun werden, mit einem Liter heißer Milch übergießen, so daß die Speise gerade bedeckt ist, dann auf 200 Grad zurückschalten. Nach weiteren 30 Minuten sind die Fingerhüte fertig. Herausnehmen, nochmals gut einfetten und nochmals mit heißer Milch (ca. ½ l) begießen. Mit einem sauberen Tuch zugedeckt ca. ¼ Std. stehen lassen.

»Rheinischer Bund«
eingereicht von Marianne Pastor, Schwarzenbruck

500 g Mandelmakronen oder	*1 EL Stärkemehl*
Bisquits	*Schale und Saft 1 Zitrone*
½ l Wein	*Mandelsplitter*
5 Eier	*100 g Zucker*

Eigelb mit Zucker schaumig rühren, Zitronenschale und Saft zugeben, sowie Stärkemehl und Wein. Unter ständigem Rühren zum Kochen bringen, bis die Masse dicklich wird. Mandelmakronen in eine feuerfeste Auflaufform geben und die Weincreme darübergießen. Erkalten lassen. Eiweiß zu Schnee schlagen, auf die Creme geben und mit Mandelsplittern bestreuen. Im Backofen circa 10 Minuten überbacken, bis alles eine hellbraune Farbe angenommen hat.

Dampfnudeln in Birnensoße
eingereicht von Centa Schäffler, Thierhaupten

Für Soße:

500 g Dörrbirnen
ca. 2 l Wasser zum Einweichen

100 g Butter
Zucker nach Belieben

Für Hefeteig:

500 g Mehl
25 g Hefe
ca. ¼ l lauwarme Milch
80 g Zucker

2 Eier
1 Prise Salz
80 g Butter

Die Dörrbirnen im Wasser einweichen und über Nacht stehen lassen. Am nächsten Tag ca. 2 Stunden kochen bis die Birnen weich sind. Sollte der Sud einkochen, so gießt man mit heißem Wasser auf. Nach der Kochzeit die Dörrbirnen mit dem Sud durch ein grobes Sieb passieren, und dann die Masse noch ein paar Mal durch ein feines Sieb streichen.

Am nächsten Tag siebt man für den Hefeteig das Mehl in eine Schüssel, macht in das Mehl eine Vertiefung, in die man lauwarme Milch, Hefe und Zucker gibt. Nach dem Aufgehen des Teigs Eier, Salz und Butter dazugeben, den Teig gut durchschlagen und zugedeckt gehen lassen. Inzwischen gibt man die Birnensoße in einen Topf, Butter und Zucker dazu, formt aus dem Hefeteig runde Nudeln und setzt sie in die Soße, die vorher leicht angewärmt wurde. Die Nudeln in der Soße etwas ziehen lassen und anschließend 20 Minuten auf niederer Einschaltstufe kochen.

Vor dem Servieren die Nudeln herausnehmen und die Birnensoße darübergeben.

Nachspeisen

Kirsch-Sago-Kaltschale
Rhabarber in Rotwein
Australischer Apple Crumble
Apple pie
Zuppa Romana
Kokospudding Haiti
Schokolade-Nuß-Pudding
Tiramisu
Quark Tiramisu
Reiscreme
Sanddorn-Quarkspeise
Schneenockerl
Erdbeerknödel mit Reibkäs

Kirsch-Sago-Kaltschale

eingereicht von Jutta Meyburg, Puschendorf

1½ l Wasser	*1 dünngeschälte Zitronen-*
1 l Kirschsteine	*schale (unbehandelt)*
250 g Sago	*3 EL Honig*
1 l Kirschen	

Das Wasser zum Kochen bringen. In einem Siebeinsatz die Kirschsteine über dem kochenden Wasser etwa 5 Minuten lang dämpfen. Das Wasser nimmt dadurch einen leichten Kirschgeschmack an. Sago in das Wasser einrühren, die rohen, entkernten Kirschen und die Zitronenschale dazugeben. Etwas abkühlen lassen, bis die Masse steif wird. Den Honig einrühren und weiter ziehen lassen. In Schüsseln füllen und abkühlen lassen.
Mit Schlagsahne oder Vanillesoße oder als Sommermahlzeit mit Zwieback servieren.

Rhabarber in Rotwein

eingereicht von Erna Felder, Oberammergau

500 g roter Rhabarber	*Zimt Zucker*
¼ l Rotwein	*Sacharin*
Vanillezucker	*1 Päckchen Vanillesoße*
1 Messerspitze gemahlener	*Milch*

Den ungeschälten Rhabarber waschen und in kurze Stücke schneiden. Rotwein, Vanillezucker, eine Messerspitze Zimt, Zucker und Sacharin zum Kochen bringen und den Rhabarber zugeben.
Zugedeckt auf kleiner Flamme ca. 10 Minuten kochen, bis der Rhabarber ziemlich zerfällt.
Rhabarber abkühlen lassen.
Vanillesoße im Päckchen auf angegebene Art zubereiten, aber: statt ½ l Milch nur ⅜ nehmen, damit die Soße nicht zu flüssig wird. Die Soße entweder über den in Schalen angerichteten Rhabarber gießen oder die Vanillesoße zuerst einfüllen und dann den Rhabarber in die Mitte füllen.
Garnieren kann man das Ganze mit rotem Likör.

»Australischer Apple Crumble« (Streusel)
eingereicht von Maisie Kreuzer, Dießen

Etwa zwei Pfund gedünstete Äpfel oder die entsprechende Menge Apfelkompott oder auch Apfelmus in eine feuerfeste Form füllen.

Streusel:
4 EL Mehl	*2 EL Zucker*
3 EL Kokosnußrapseln	*1 EL Butter*

Werden die Streusel nicht flockig genug, dann noch etwas Butter zugeben.
Streusel auf die Äpfel geben. ½ Stunde bei 175 Grad backen. Mit Sahne
servieren.
Extratip: Nach Belieben einen Löffel Strohrum drübergeben.
Der Apple Crumble wird warm gegessen!

Apple Pie
eingereicht von Margaret Quire, München

Für den Teig:
2 Tassen Mehl (1 Tasse ca.	*⅔ Tasse Pflanzenfett*
250 g)	*6–7 EL kaltes Wasser*
1 TL Salz	

Für die Füllung:
1500 g geschälte, dünnge-	*1 TL Zimt*
schnipselte Äpfel	*etwas Muskatnuß*
250 g Zucker	*1 EL Butter*
2 EL Mehl	

Teig: Mehl und Salz mischen, das Pflanzenfett mit zwei Messern (sehr
wichtig!) im Teig verteilen, einen EL Wasser darüberspritzen und mit einer
Gabel leicht darunterheben. Dann wird der Teig in zwei Hälften geteilt.
Jede Hälfte wird anschließend auf einer mit etwas Mehl bestäubten Unter-
lage mit dem Nudelholz rund ausgerollt.

Füllung: Zucker, Mehl, Muskatnuß und Zimt werden gemischt, dann die Äpfel hinzugeben und das Ganze wenden. Eine Kuchenform buttern und den Teig hineinlegen. Die Apfelmischung dazugeben, obendrauf kommt noch eine Lage Teig. An den Ecken Ober- und Unterschicht des Teigs zusammenfügen. Ecken mit einer Folie abdecken, damit die beim Backen nicht schwarz werden. Bei 175 Grad 25 Minuten lang backen. Dann die Folie abnehmen und nochmals 20–25 Minuten backen.

Apple Pie etwas abkühlen lassen und mit Vanille-Eis servieren.

»Zuppa Romana«
eingereicht von Brigitta Hölzl, Pettendorf

Für den Boden:
1 Biskuitboden gekauft oder
6 (5) Eier getrennt
6 (5) EL heißes Wasser
300 g (250) Zucker, 1 Päckchen Vanillezucker
300 g (250) Mehl
2 TL (1½) Backpulver

Für die Füllung:
1 kleine Dose Birnen
1 kleine Dose Aprikosen
½ l Milch
1 Päckchen Vanillepudding
4 EL Zucker
1 Vanilleschote
4 Eigelb
1 Päckchen Schokoladepudding
¾ l Sahne
9 EL (150 ccm) Amaretto
7 EL (100 ccm) Rum
5 EL (75 ccm) Campari
1 Päckchen Vanillezucker

Biskuitteig: Eiweiß mit dem Handquirl steif schlagen, Zucker mit Vanillezucker langsam einrieseln lassen, weiter schlagen, bis die Masse glänzend wird, Eigelb und heißes Wasser unterrühren, zum Schluß gesiebtes, mit Backpulver vermischtes Mehl vorsichtig unterheben. Die Masse in gefettete und gemehlte Tortenform von 26 oder 28 cm Durchmesser füllen (bei kleinerer Form die kleinere Menge verwenden), bei 180 bis 200 Grad backen. Biskuit nach dem Backen auf Gitter abkühlen lassen und zweimal durchschneiden.

Füllung: Obst auf einem Sieb abtropfen lassen, Saft auffangen. Birnen in Scheiben schneiden, Aprikosen häuten evt. schneiden. Vanillepudding von ¼ l Milch kochen. Dazu etwas kalte Milch zurückbehalten, das Vanillepulver mit 2 EL Zucker glattrühren, die übrige Milch mit der aufgeschnittenen Vanilleschote zum Kochen bringen, das angerührte Puddingpulver zugeben, aufpuffen lassen. Vanilleschote entfernen. 2 Eigelb unter den heißen Pudding rühren, erkalten lassen, dabei immer wieder umrühren, damit sich keine Haut bildet.

Schokoladepudding herstellen, dazu Milch mit zerbröckelter Blockschokolade aufsetzen, umrühren, damit sich die Schokolade auflöst, ansonsten verfahren wie bei Vanillepudding. Ebenfalls 2 Eigelb in den heißen Pudding rühren und unter gelegentlichem Umrühren erkalten lassen. Tip: Sollte der Pudding einmal anbrennen, sofort aus dem Topf gießen, das Angebrannte entfernen.

½ l Sahne sehr steif schlafen und je die Hälfte auf die beiden erkalteten Puddings verteilen und unterrühren. Alkohol und einen Teil des Fruchtsafts mischen. Den erkalteten 1. Biskuitboden in die Tortenform setzen, gut tränken, Schokoladepudding gleichmäßig darauf verteilen, die Birnenstücke auf Pudding legen, den 2. Boden auflegen, tränken, Vanillepudding gleichmäßig darauf verteilen, Aprikosen auf den Vanillepudding legen, den 3. Boden vor dem Auflegen von der Unterseite tränken, dann auflegen. Sehr gut kühl stellen und einige Stunden ziehen lassen. ¼ l Sahne zum Verzieren steif schlafen, dazu Zuppa aus der Form nehmen, Sahne gleichmäßig darauf verstreichen und mit einem Eßlöffel Dellen eindrücken, mit etwas Kakao überstäuben.

Tip: Die angegebene Milchmenge unbedingt einhalten, da sonst der Pudding zu weich wird, die Masse hält dann nicht zusammen. Wer die Zuppa noch verfeinern will, kann anstelle des Puddings eine Vanille- bzw. Schokoladencreme selbst herstellen.

Kokospudding Haiti

eingereicht von Traudl Weiss, Regen

1 große Kokosnuß geraspelt	*1–2 Blatt Gelatine*
(oder 2 kleine) ohne Milch	*1 Dose Pfirsiche oder andere*
1 große Dose Kondensmilch	*feste Früchte*
1–2 EL Zucker	

Kokosraspeln mit der Dosenmilch vermengen, gut durchziehen lassen, bis die Milch den Geschmack der Kokosnuß annimmt. In ein Sieb gießen und durchdrücken. Die Milch mit Zucker und aufgelöster Gelatine vermengen. (Die Kokosraspeln werden jetzt nicht mehr benötigt, sparsame Hausfrauen können sie aber für Kuchen oder Makronen verwenden.) Die Flüssigkeit kühl stellen, bis sie halb steif ist. Dann mit geschnitzelten Früchten mischen. Im Kühlschrank steif werden lassen. Mit Sahnetupfen und Früchten verzieren.

Schokolade-Nuß-Pudding

eingereicht von Ernst Schäffler, Thierhaupten

120 g Butter	*etwas Milch*
120 g Zucker	*2 EL Semmelbrösel*
4 Eigelb	*120 g geriebene Haselnüsse*
6 Eiweiß	*1 EL Kakao*
1 Prise Salz	*etwas Butter und Semmelbrö-*
2–3 Semmeln (in Scheiben ge-	*sel zum Fetten und Bestreuen*
schnitten	*der Form*

Butter und Zucker schaumig rühren, dann die Prise Salz und die Eigelb zugeben. Die Semmeln in lauwarmer Milch einweichen, wieder ausdrükken und in die Eimasse geben. Semmelbrösel, Nüsse und Kakao unterrühren, Eiweiß zu Schnee schlagen und unterheben. Die Masse in die ausgebutterte und mit Bröseln ausgestreute Puddingform geben, die Form mit dem Deckel verschließen, in kochendes Wasser stellen und ca. 1½ Std. kochen lassen.

Wenn der Pudding auf der Oberseite abgetrocknet ist, kann man ihn stürzen und mit Schlagsahne servieren.

Tiramisu
eingereicht von Marianne Gufler, München

200 g Mascarpone (aus dem Feinkostladen oder ital. Laden)
3 Eier (Eiweiß zu Schnee schlagen)
1 Päckchen Vanillezucker
3 EL Zucker

1 EL zerlassene Butter
½ Tasse starken Kaffee – erkaltet
1 Tasse Marsala (italienischer Süßwein)
1–2 Pakete Löffelbisquits (je 200 g)

Eigelb mit Vanillezucker, Zucker und zerlassener Butter zu einer Creme schlagen, Mascarpone zugeben, unterrühren, Eischnee vorsichtig unterheben.
Bisquits nacheinander in die Kaffee-Marsala-Mischung vorsichtig und kurzzeitig eintauchen. In eine Glasschale als unterste Lage die Löffelbisquits geben, darauf eine Schicht Creme und so weiter, bis die Creme als oberste Lage zu Ende ist.
Das Ganze mit geriebener Bitter-Schokolade bestreuen.

Quark-Tiramisu
eingereicht von Marianne Gufler, München

3 Eier (Eiweiß zu Schnee schlagen)
250 g Magerquark
100 g Doppelrahm-Frischkäse
1 Becher Sahne (0,2 l), geschlagen
2 TL Sahnesteif

1 Päckchen Vanillezucker
3 EL Zucker
1 EL Butter, zerlassen
½ Tasse starken Kaffee (kalt)
1 Tasse Marsala
2 Pakete Löffelbisquits

Magerquark, Frischkäse, Eigelb, 1 Teel. Sahnesteif und 3 Eßlöffel Zucker sowie die Butter zu einer Creme rühren. Sahne mit 1 Teel. Sahnesteif schlagen, Vanillezucker zugeben, geschlagene Sahne und geschlagenes Eiweiß unter die Crememasse leicht unterheben.

Bisquits nacheinander vorsichtig und kurzzeitig in die Kaffee-Marsala-Mischung eintauchen.

In eine Glasschüssel als unterste Lage die Löffelbisquits geben, darauf eine Schicht Creme und so weiter, bis die Creme als oberste Lage zu Ende ist.

Das Ganze mit geriebener Bitter-Schokolade bestreuen.

Reiscreme
eingereicht von Else Haase, München

Reiscreme:

120 g Reis	*5 Eigelb*
1 l Milch	*¼ l Rahm*
20 g Gelatine	*Maraschino oder Rum oder*
½ l Sahne	*Arrak nach Belieben*
150 g Zucker	

120 g Reis (Milchreis) waschen, in einer Kasserolle mit 1 l siedender Milch so lange kochen, bis eine dicke, breiige Masse entstanden ist, die man noch glatt verquirlt. Am Schluß 20 g aufgeweichte Gelatine untermischen. Unter die kalte Masse einen halben Liter geschlagene Sahne unterheben.

Eine Form mit Öl ausstreichen, die Crememasse einfüllen, in den kühlen Eisschrank stellen. Kann nach einer Stunde gestürzt werden.

Sauce: 150 g Zucker mit 5 Eigelb und ¼ l Rahm verrühren und dann erhitzen (aber *nicht* kochen, sonst gerinnt die Sauce). Wenn die Sauce erkaltet ist, etwas Maraschino oder Rum oder Arrak je nach Geschmack dazugeben.

Sanddorn-Quark-Speise
eingereicht von Helga Ruf, Kirchheim bei Mindelheim

250 g Quark	*2 EL Zucker*
1 Becher Joghurt (ohne Ge-	*2 bis 3 EL Sanddornsaft*
schmack)	*2 bis 3 EL Fünf-Korn-Flocken*
Saft von einer halben Zitrone	*oder grobe Haferflocken.*

Alle Zutaten gut miteinander vermischen und kaltstellen.
Die Haferflocken können auch als Garnierung benutzt werden, nachdem sie in Zucker geröstet wurden.
Der Sanddornsaft ist in der Apotheke erhältlich.

Schneenockerl
eingereicht von Heidi Eder, Erlangen

5 Eiweiß	*Vanilleschote (ersatzweise Va-*
100 g Zucker	*nillezucker)*
½ l Milch	*1 Päckchen Vanillesoße*

Die 5 Eiweiß zu sehr steifem Schnee schlagen, 100 g Zucker unter Weiterschlagen einrieseln lassen. Die Masse muß schnittfest sein. In der Zwischenzeit die Milch mit der Vanille in einer großen Kasserolle zum Kochen bringen, von der Herdplatte nehmen und mit einem Löffel große Nocken der Schneemasse in die Milch geben. Man setzt Nocken für Nocken nebeneinander. Wichtig: die Milch darf nicht mehr kochen. *Zugedeckt* läßt man die Nockerl 5 Minuten ziehen. Dann wendet man die Nockerl mit einer Backschaufel und läßt sie erneut 5 Minuten zugedeckt ziehen. Anschließend die Nockerl auf einem großen Sieb abtropfen lassen. Von der verbleibenden Milch nach Packungsvorschrift die Vanillesoße kochen. Die Nockerl in eine tiefe Schüssel geben und mit der Soße übergießen. Kalt stellen und kalt servieren.

Erdbeerknödel und Reibkäs
eingereicht von Hildegard Franz, Gmund

Teig:

ca. 400 g Mehl

1 Teelöffel (gestrichen) Backpulver

1 Prise Salz

400 g Quark

ca. 35 Erdbeeren

4 Eigelb

Reibkäs:

500 g Quark

Reibkäs: 500 g Quark wird solange erhitzt (am besten im Wasserbad), bis er fest wird. Die abgesonderte Molke abseihen. Mit den Händen einen Knödel formen, die Restflüssigkeit auspressen. Den nun erhaltenen Reibkäs 2 bis 3 Tage trocknen lassen.

Teig: Mehl, Backpulver, Salz, Quark und Eigelb mit den Händen gut vermengen und zu einem Teig verarbeiten. Ca. 30 bis 35 Erdbeeren (können auch gefroren sein) einzeln mit Teig umhüllen, kleine Knödel formen und diese ca. 5 bis 8 Min. im kochenden Wasser garen.

Servieren: Die Erdbeerknödel auf dem Teller mit geriebenem Reibkäs bestreuen, Puderzucker darüber und mit heißer, leicht angebräunter Butter übergießen.

Getränke

Punsch
Holundersekt
Brotwein
Eierlikör selbstgemacht

Punsch-Rezept

eingereicht von Anni Winklmeier, Wolfratshausen

3 l Wasser	*Orangen*
2½ Pfund Würfelzucker	*3 Flaschen Weißwein*
1 l Tee	*1 Flasche Rotwein*
Saft von 20 ungespritzten	*¼ l Arrak (nach Belieben)*

Den Würfelzucker an den gereinigten, ungespritzten Orangen abreiben, dann den Zucker mit dem Wasser kochen, abschäumen. Den Saft der 20 Orangen auspressen, durch ein Tuch seihen, anschließend mit dem Tee vermischen. Weißwein und Rotwein hinzugeben und alles erhitzen, aber nicht kochen. Nach Belieben zum Abrunden den Arrak hinzugeben.

Holunder-Sekt

eingereicht von Irmgard Bratzdrum, Kraiburg, Inn

6 große Blütendolden vom	*6 Zitronen*
Holunder	*1000 g Zucker*
6 l Wasser	*¼ l Weinessig*

Die Zitronen werden in Scheiben geschnitten und die Blüten von den Stielen des Holunders abgepflückt. Dann gibt man Wasser, Zucker und Essig darüber und rührt solange um, bis der Zucker aufgelöst ist. Nach etwa 2 bis 3 Tagen gießt man die Flüssigkeit durch ein Haarsieb oder ein Tuch und füllt sie in Sektflaschen oder in andere feste Flaschen ab. Die Flaschen müssen sehr gut mit Kork oder Patentverschluß verschlossen und stehend aufbewahrt werden, weil eine starke Kohlensäureentwicklung eintritt. Zu dünne Flaschen platzen, und lockere Korken werden herausgetrieben.

Brotwein aus Jandelsbrunn

eingereicht von Ursula Süß, Wallersdorf

10 g Hefe	*vom Bauernbrot – je dunkler*
1000 g Zucker	*desto goldener wird der Wein)*
300 g Brotkrusten (am besten	*4 l Wasser*

Brot aufschneiden oder bröckeln und in einen kleinen Ballon (Glas) geben. Wasser kochen und Zucker hineinrühren. Gut abkühlen lassen und danach ebenfalls in den Ballon geben. Wenn die Flüssigkeit ganz abgekühlt ist, Hefe dazugeben und Ballon mit einem Pergamentpapier zubinden. Das Gefäß 28 Tage an einem sonnigen, warmen Ort stehen lassen. Danach kann der Wein mit einem Schlauch direkt in Gläser abgesaugt oder in Flaschen abgefüllt werden.

Je länger der Wein kühl gelagert wird, desto besser schmeckt er.

Eierlikör selbstgemacht

eingereicht von Heide Eder, Erlangen

5 Eigelb	*¼ l Schlagrahm*
½ l Milch	*¼–0,3 l Weingeist (96%, je*
500 g Zucker	*nachdem wie »geistreich« der*
1 Vanilleschote	*Likör werden soll)*

Milch und Zucker mit der Vanilleschote aufkochen und auskühlen lassen. Die 5 Eigelb dann gut verquirlen und unter die fast erkaltete Zucker-Milch rühren. Dieses Gemisch durch ein feines Sieb seihen, dann den Schlagrahm einrühren und zwar in flüssigem, also ungeschlagenem Zustand. Zum Schluß den Weingeist zufügen. In Flaschen füllen und gut verkorken. Vor Gebrauch schütteln.

Gebäck

Vollkornbrot
Fladenbrötchen
Osterbrot
Französischer Joghurtkuchen
Philadelphia-Käse-Sahne-Torte
Käsekuchen ohne Mehl
Zucchini-Nuß-Kuchen
Nußecken
Hollerkiachl (Holunderküchlein)
Fränkische Küchle
Donauwellen
König Ludwig's Lieblingskuchen
Mexikanische Apfeltorte
Feiner Rhabarber-Kuchen
Kartoffelkuchen
Kaffeekuchen
Eierlikörkuchen
Festtags-Gebäck
Auszogne
Altfränkische Baunz'n
Hasenohren

Vollkornbrot

eingereicht von Christa Seefried, Neusäß

2500 g Roggenmehl
750 g Roggenschrotmehl
6 TL Salz
Sauerteig (etwa 2 Päckchen
aus dem Reformhaus)
1 Würfel Hefe oder ein Päckchen Trockenhefe
2–2½ l Wasser
Gewürze nach Wahl: Koriander, Kümmel, Leinsamen,
Sonnenblumenkerne.

Diese Teigmasse ergibt 4 kleine Kastenbrote oder zwei große.
Das Roggenmehl, das Roggenschrotmehl und das Salz vermischen und in eine Schüssel geben. Den Sauerteig und die Hefe mit etwa einem ¾ l lauwarmem Wasser glattrühren. Im Mehl eine kleine Mulde bilden und das Sauerteig-Hefegemisch hineingeben. Etwas gehen lassen, bis sich Blasen bilden. Alle Zutaten mit dem restlichen Wasser ca. 15 Minuten kräftig durchkneten. Den Teig wieder gehen lassen, bis er doppelt so groß ist. Dann Brote formen und in Kastenformen geben. Wieder gehen lassen (etwa eine halbe Stunde). Brot mit lauwarmem Wasser bepinseln, mit einem Holzstäbchen Löcher einstechen. In den vorgeheizten Ofen schieben. Bei 220 Grad 75 Minuten backen. Dabei nach etwa 50 Minuten Hitze auf 180 Grad drosseln. Dieses Brot hält sich sehr lange frisch und kann auch eingefroren werden.

Tips zur Herstellung des Sauerteigs: Beim ersten Mal fertigen Sauerteig im Reformhaus kaufen. Dann vom Brotteig etwa ein Pfund beiseite nehmen und einfrieren. Kann beim nächsten Mal wieder verwendet werden.

Fladenbrötchen

eingereicht von Anneliese Nodes, Mühldorf

350 g Weizenvollkornmehl
1 TL Salz
1 TL Brotgewürz
1 EL Sonnenblumenkerne
1 EL Sesamsaat
3 EL Sonnenblumenöl
350 g kohlensäurehaltiges Mi-
neralwasser

Alle Zutaten verrühren, Teig ca. 3 Stunden ziehen lassen. Mit Löffel kleine Fladen auf Backblech streichen und ca. 30 Minuten bei 220 Grad backen.

Osterbrot

eingereicht von Barbara Klinger, Lichtenfels-Klosterlangheim

500 g Mehl	*2 Eier*
1 Päckchen Backpulver	*2 EL Rum*
1 Prise Salz	*1 Messerspitze Muskatblüte*
200 g Zucker	*100 g gemahlene Nüsse*
1 Päckchen Vanillezucker	*1 Messerspitze Kardamon*
abgeriebene Schale von einer	*100 g gemahlene Mandeln*
halben Zitrone	*250 g Quark*
250 g Butter	*300 g Sultaninen*

Für den Guß:
3 gehäufte EL Staubzucker   *Saft einer Zitrone*

Alle Zutaten außer den Sultaninen auf ein Backbrett geben und mit den Händen zu einem Knetteig verarbeiten. Die Sultaninen dazugeben (Hände zuvor mit Mehl einstäuben), eine Kugel formen und etwa eine Viertelstunde kaltstellen (nicht im Kühlschrank).
Eine Springform (Durchmesser ca. 28 cm) fetten und mit Mehl bestäuben.
Die Osterbrotkugel kreuzweise einschneiden.
Den Backofen auf 225 Grad vorheizen. Das Osterbrot bei 175 Grad ca. 60 bis 65 Minuten backen. Nach 20 Minuten mit einer Alufolie abdecken.
Den Staubzucker mit dem Zitronensaft glatt verrühren. Nach dem Backen das noch warme Osterbrot mit dem Zuckerguß bestreichen.
Das kalte Osterbrot in Alufolie einwickeln und ein paar Tage ruhen lassen.

Französischer Joghurtkuchen

eingereicht von Inge Ulmer, München

1 Becher Joghurt	*3 Eier*
1 Becher Öl	*1 Päckchen Vanillezucker*
2 Becher Zucker	*1 Päckchen Backpulver*
3 Becher Mehl	

Alle Zutaten locker und kurz verrühren. Den Teig in eine gefettete und gebröselte Springform füllen und bei 170 Grad (Gas Stufe 2) eine Stunde lang backen. Erkalten lassen und dann mit Puderzucker bestreuen. Oder: mit Aprikosenmarmelade füllen; mit Aprikosenmarmelade bestreichen; weißer Zuckerguß mit Zitronen- oder Rumgeschmack

Philadelphia Käse-Sahne-Torte

eingereicht von Käthe Gillmann, München

300 g Löffelbisquit	*2 Päckchen Vanille-Zucker*
150 g Butter	*½ l Sahne*
200 g Philadelphia-Käse	*1 Packung Zitronen-Götter-*
6 EL Zucker	*speise in einer Tasse Wasser*
Saft von 2 Zitronen	*aufgelöst*

Bisquit zerkleinern und mit der Butter verkneten. Drei Eßlöffel der Masse beiseite stellen und den Rest auf den Boden einer Springform festdrücken. Den Philadelphia-Käse cremig rühren und nacheinander Zitronensaft, Zucker, Vanille und Sahne unterrühren. Diese Masse auf den Boden der Springform geben und kühl stellen. Nach 1½ Stunden die restlichen Bisquitkrümel (3 EL) darauf verteilen und leicht andrücken. Nach weiteren 1½ Stunden ist die Torte fertig und schnittfest.

Käsekuchen ohne Mehl, Backpulver und Quark

eingereicht von Liselotte Leybold, Nürnberg

15 Stück Zwieback	*100 g Zucker*
150 g Butter oder Margarine	

Für den Belag:

500 g Doppelrahm Frischkäse	*½ Becher Süßrahm*
200 g Zucker	*den Saft von 1 Orange*
1 Päckchen Vanillezucker	*den Saft von 1 Zitrone*
1 Becher Sauerrahm	*5 Eigelb und 5 Eiweiß*

Den Zwieback fein zerbröseln, Fett und Zucker vermengen und einen zusammenhängenden Teig kneten. Teig in eine gefettete und mit Semmel-

bröseln leicht bestreute Springform geben, mit dem Handrücken einlegen und einen kleinen Rand hochdrücken.
Den Frischkäse in eine hohe, enge Schüssel geben, Zucker, Vanillezucker, Sauerrahm und Süßrahm sowie den Saft von Orange und Zitrone zugeben. Leicht vermengen und dann die 5 Eigelb zugeben, sämig rühren. Zum Schluß den steifgeschlagenen Eischnee vorsichtig unterheben. Im vorgeheizten Backofen auf mittlerer Schiene 1½ Stunden backen.

Zucchini-Nuß-Kuchen
eingereicht von Adelgunde Heil, Pöring

2 Tassen grob geraspelte Zucchini
3 Eier
4 EL Öl
100 g gehackte Haselnüsse
100 g Rosinen (evtl. in Rum getränkt)
250 g Zucker
300 g Mehl
2 TL Vanillezucker
je 1 TL Salz, Nelken, Zimt, Piment, Natron, Backpulver

Eier schlagen, Vanillezucker, Öl, Nüsse, Rosinen und Zucchini dazugeben. Anschließend Gewürze, Zucker und das mit Natron und Backpulver vermischte Mehl unterrühren.
In eine Kastenform geben und bei 200 Grad 60 Minuten lang backen. Nach dem Auskühlen mit dickflüssigem Zitronenguß von allen Seiten bestreichen.
»Zucchini-Nuß-Kuchen« läßt sich in Folie lange aufbewahren (14 Tage und länger) und natürlich auch einfrieren.

Mein Geheimtip: Vor dem Verzehren die einzelnen Stücke mit Rum beträufeln.

Nußecken

eingereicht von Margarette Deinzer, Velden

Für den Teig:

400 g Mehl	*2 Eier*
½ Päckchen Backpulver	*200 g Margarine*
200 g Zucker	*1 Schuß Arrak*
1 Päckchen Vanillezucker	

Für den Belag:

150 g Margarine	*5 EL Wasser*
150 g Zucker	*1 TL Zimt*
2 Päckchen Vanillezucker	*300 g gemahlene Haselnüsse*

Zum Bestreichen: *Aprikosenmarmelade*

Zum Verzieren: *Schokoladenguß*

Zunächst einen ganz normalen Knetteig herstellen und diesen auf einem gefettetem Kuchenblech auswellen. Die Zutaten für den Belag mischen, zerlassen und einmal aufkochen, die gemahlenen Haselnüsse unterrühren. Die Masse etwas abkühlen lassen. Dann den Knetteig mit Aprikosenmarmelade bestreichen, danach den abgekühlten Belag auftragen und bei 200 Grad etwa 45 Minuten backen.

Das abgekühlte Gebäck in Vierecke von 8 × 8 cm schneiden, jedes Viereck nochmals diagonal teilen. Die beiden spitzen Ecken mit Schokoladenguß bestreichen.

Das Rezept ergibt ca. 24 Gebäckstücke.

Hollerkiachl oder Holunderküchle

eingereicht von Edeltraut Sattler, München

½ l dunkles Bier	*2 EL Öl*
1 Prise Salz	*12 Blütendolden vom Holler*
2 Eier	*200 g Mehl*

Die Hollerblüten (mit Stiel) gut waschen, auf Küchenkrepp abtropfen, da nur die trockenen Dolden den Teig annehmen, und in den Teig tauchen.

In einer Pfanne Fett auf 180 Grad erhitzen (man kontrolliert das mit einer Prise Mehl, das man durch die Finger hineinrieseln läßt. Das Mehl muß braun werden). Die Hollerküchle goldbraun herausbacken. Abtropfen lassen, mit Puderzucker bestäuben und servieren. Dazu paßt am besten Kaffee.

Achtung: Keine Holunderblüten von Stauden verwenden, die an der Straße wachsen.

Fränkische Küchle
eingereicht von Lisbeth Brumann, München

250 g Zucker	*1 Päckchen Hefe*
½ l Milch (lauwarm)	*1 Päckchen Vanillezucker*
250 g Butter	*½ Zitrone (Schale)*
4 Eier	*1 Prise Salz*
1 Stamperl Schnaps (Obstler)	*Mehl, was der Teig annimmt*

Die Zutaten schaumig rühren, die Hefe in lauwarmer Milch mit etwas Zucker ansetzen, gehen lassen. (Man kann auch Trockenhefe nehmen.) Die Hefe mit dem Mehl vermischen. Den Teig dann gehen lassen, ausrollen und mit dem Teigrädchen Vierecke ausradeln. Die Küchle nochmals gehen lassen und dann in Schmalz ausbacken. Die Küchle werden dann mit Puderzucker bestreut.

Donauwellen
eingereicht von Gertraud Sontheim, Garmisch-Partenkirchen

Für den Teig:

200 g Butter	*1 Päckchen Backpulver*
200 g Zucker	*etwas Milch*
500 g Mehl	*1 Glas Sauerkirschen*
5 Eier	*Kakao nach Geschmack*
1 Päckchen Vanillezucker	

Für die Buttercreme:

¼ l Milch	1 Eigelb
200 g Zucker	20 g Gustin
2 EL Butter	

Teig: Die Zutaten von Butter bis Milch nacheinander verrühren. Die Hälfte des Teiges auf ein Backblech streichen und die andere Hälfte mit Kakao vermischen und darüberstreichen. Dann die abgetropften Kirschen auflegen, ca. ½ Stunde bei Mittelhitze (175–200 Grad) backen. Anschließend den Teig abkühlen lassen.

Creme: Alles zusammen aufkochen und erkalten lassen.
2 EL Butter schaumig rühren und die kalte Creme löffelweise hineinrühren.

Guß: 2 Tafeln Schokolade und etwas Pflanzenfett im Wasserbad auflösen und darübergeben.

»König Ludwig's Lieblingskuchen«
eingereicht von Charlotte Menzel, Steppach b. Augsburg

Teig:

200 g Butter	80 g Zucker
250 g Mehl	4 EL Weißwein

Belag:

600 g Äpfel, geschält und geschnitten	1 Streifen Zitronenschale
	1–2 EL Wasser
1–2 EL Zucker	

Teig: Die Zutaten mit dem Knethaken des Handmixers zu einer festen Masse verkneten. Eventuell 1 Stunde im Kühlschrank kaltstellen. Inzwischen Äpfel zubereiten und ebenfalls kühlstellen. Die Hälfte des Teiges in die Springform (schwarz, 26 cm) geben, kleinen Rand machen.

Belag: Die Zutaten zusammen weichdünsten, Zitronenschale dann herausnehmen.

Diese Apfelmasse auf den Teig streichen, mit etwas Zimt und gestiftelten Mandeln bestreuen. Die andere Hälfte des Teiges kommt als Decke auf den Kuchen. Im Elektroherd etwa 50 Minuten bei 190 Grad backen, untere Schiene benützen. Zum Schluß den Kuchen mit Puderzucker bestäuben und mit Sahne servieren.

Mexikanische Apfeltorte
eingereicht von Renate Kohler, Ansbach

Füllung:

500 g Äpfel	*Saft einer halben Zitrone*

Teig:

150 g Butter	*1 gehäufter TL Backpulver*
100 g Zucker	*die abgeriebene Schale einer*
1 Päckchen Vanillezucker	*unbehandelten Zitrone oder*
3 Eier	*einige Tropfen Zitronen-*
125 g blütenzarte Hafer-	*aroma*
flocken	*1 Prise Salz, Fett*
50 g Mehl	

Für die Füllung werden die geschälten und zerkleinerten Äpfel mit dem Saft einer halben Zitrone gedünstet. Bei mürben Äpfeln kann das Dünsten entfallen, dann nur mit Zitronensaft beträufeln. Aus den übrigen Zutaten einen Rührteig herstellen, von den man ¾ in eine gefettete und mit Haferflocken ausgestreute Springform gibt. Die Füllung dann auf den Teig verteilen, und vom Rest des Teigs mit einem Teelöffel kleine Häufchen und die Füllung setzen. Bei 190 Grad (Gasherd Stufe 3) auf der unteren Einschubleiste ca. 60 Minuten backen.

Feiner Rhabarber-Kuchen

eingereicht von Hildegund Fahrenschon, Pfaffenhofen, Kadeltshofen

Teig:

150 g Mehl	*80 g Zucker*
1 Prise Salz	*80 g Butter*
1 gestrichener TL Backpulver	*1 Ei*

Belag:

625 g Rhabarber	*50 g Zucker*

Guß:

Eischnee von 2 Eiern	*1 gehäufter TL Stärkemehl*
100 g Zucker	*3 EL Dosenmilch oder Rahm*
2 Eigelb	*1 Päckchen Vanillezucker*

Mürbteig herstellen, eine Tortenform mit Butter fetten, Teig ausrollen und damit belegen, einen 2 cm hohen Rand andrücken.

Rhabarber waschen, abziehen und in Würfel schneiden. Den Kuchenboden dünn mit Öl bestreichen, Rhabarber draufgeben und 20 Minuten bei 200 Grad backen.

In der Zwischenzeit Rahmguß herstellen:

Zu den zwei steifgeschlagenen Eiweiß 100 g Zucker langsam einrieseln lassen, bis es ganz steif ist. Eigelb, Vanillezucker und Stärkemehl mit Dosenmilch oder Rahm verquirlen und leicht unter die Masse rühren.

Nun Kuchen aus der Röhre nehmen, mit 50 g Zucker bestreuen, den Guß daraufgeben und nochmal ca. 10 Minuten überbacken.

Kartoffelkuchen
eingereicht von Theodora Seifert, Nürnberg

250 g Mehl	*1 Ei*
500 g gekochte Kartoffeln	*30 g Hefe, in Milch aufgelöst*
125 g Zucker	*nach Belieben: Rosinen, Va-*
125 g Butter	*nillezucker, Zitrone, Mandeln*

Kartoffeln reiben, zusammen mit den anderen Zutaten zu einem Teig verarbeiten, auf einem Backblech ausrollen, den Teig mit Butter und Zucker bestreichen und bei 160 Grad wie einen Zwetschgendatschi backen.

Kaffeekuchen
eingereicht von Gertraud Wittmann, Heidenheim

250 g Margarine	*0,1 bis 0,2 l starker, kalter*
400 g Zucker	*Kaffee*
6 Eier	*125 g gemahlene Nüsse*
4 TL Kakao	*250 g Mehl*
1 TL Zimt	*1 Päckchen Backpulver*

Aus den Zutaten einen Rührteig herstellen, der in eine Guglhupfform gefüllt wird. Anschließend Teig 1 Stunde bei 175 Grad backen.

Eierlikörkuchen

eingereicht von Bettina Muscara, Herzogenaurach

5 Eier	*250 g Mehl*
¼ l Öl	*1 Päckchen Backpulver*
¼ l Eierlikör	*Schokostreusel*
250 g Puderzucker	

Eigelb und Eiweiß trennen. Eigelb mit Öl und Eierlikör gut verquirlen. Puderzucker, Mehl, Backpulver und eine halbe Tasse Schokostreusel dazugeben. Zuletzt den geschlagenen Eischnee unterheben. In eine Springform füllen. Bei 175 Grad 1¼ bis 1½ Stunden backen.

Festtagsgebäck

eingereicht von Hildegard Brohm – Gedeon, Erlangen

Teigboden:

4 Eier	*½ Päckchen Backpulver*
200 g Puderzucker	*10 EL kaltes Wasser*
200 g Mehl	*200 g gemahlene Haselnüsse*

Creme:

knapp ¼ l (200 ccm) Milch	*200 g Butter*
2 EL Kartoffelmehl	*200 g Puderzucker*
5 Eigelb	

Eiweißdecke:

5 Eiweiß	*30 g bittere Schokolade*
250 g Kristallzucker	

Teigboden: Eier trennen, die vier Eigelb mit dem Puderzucker schaumig rühren. Dann das kalte Wasser, die Haselnüsse und das Mehl mit dem Backpulver vermischen und nach und nach zugeben. Zum Schluß das Eiweiß zu Schnee schlagen und unterheben. Backblech mit Backpapier belegen. Die Teigmasse gleichmäßig darauf verteilen, so daß eine Fläche von etwa 35 mal 25 Zentimetern bedeckt ist. Bei Mittelhitze (180 Grad) backen. Den Teigboden noch heiß vom Blech nehmen und abkühlen lassen.

Creme: Eigelb und Kartoffelmehl in die kalte Milch geben, alles gut verrühren und aufkochen bis eine dicke Masse entsteht. Kalt stellen, ab und zu umrühren. Die weiche Butter und den Puderzucker schaumig rühren und mit der erkalteten Ei-Milch-Masse zu einer festen glatten Creme schlagen. Die Creme gleichmäßig auf dem erkalteten Teigboden verteilen.

Eiweißdecke: Die 5 Eiweiß im Wasserbad zu Schnee schlagen: Eiweiß kurz anschlagen, dann den Zucker nach und nach zugeben. Der Zucker löst sich sich vollständig auf, der Schnee wird nach einiger Zeit ganz fein und steif. Den Schnee als dritte Schicht auf die Creme streichen, zum Schluß mit fein geriebener Schokolade bestreuen.

Das Festtagsgebäck kühl stellen, es kann problemlos 3 bis 4 Tage vor dem Verzehr zubereitet werden, sollte auf jeden Fall etwas »durchziehen«. Vor dem Servieren in kleine Stücke schneiden (2,5 × 7 cm). Das Rezept ergibt etwa 50 Schnitten, die sich auch gut einfrieren lassen.

Auszog'ne
eingereicht von Frau Cilli Luidl, Gleutleiten

75 g Hefe	*100 g Zucker*
ca. 500 ccm Milch	*15 g Salz*
1000 g Mehl	*Zitrone*
100 g Butter	*3 Eier*

Die Hefe mit etwas Milch (ca. 1 Tasse) und Mehl zu einem Hefestück verarbeiten (Dampfl) und bei Zimmertemperatur aufgehen lassen. Nachdem es die Reife erreicht hat, mit den anderen Zutaten zu einem glatten Teig verarbeiten, d. h. der Teig muß so lange mit einem Kochlöffel geschlagen werden, bis er trocken ist, sich also ohne zu kleben von der Hand bzw. vom Schüsselrand löst. Im Anschluß daran muß der Teig noch zweimal bei Zimmertemperatur aufgehen (garen). Nach dem Gehen den Teig jeweils schlagen und dann zu runden Stücken formen. Die geformten Teigstücke müssen nochmals gehen. Bei ca. ¾ Gare ausziehen und in heißem Butterschmalz backen (180 Grad). Ergibt ca. 40 Stück.
Nach dem Backen in Kristallzucker wälzen.
Dazu passen Kartoffelsuppe und Apfelkompott.

Altfränkische Baunz'n

eingereicht von Anita Bodes, Fürth

6 mittelgroße Kartoffeln
1 Zwiebel
2 Äpfel (Delicious)
2 Eier
ca. 150 g Mehl

etwas Salz und Zucker
3–4 EL Margarine oder
Schweineschmalz für die Bratpfanne

Die Kartoffeln (am besten am Abend vorher) kochen, schälen und durchdrücken. Kleingeschnittene Zwiebel, Äpfel, sowie die Eier, Salz und
Zucker dazugeben und gut verkneten. Dann soviel Mehl unterkneten, daß
sich der Kartoffelteig von den Händen löst.
Mit den bemehlten Händen den Kartoffelteig zu walnußgroßen Rollen
formen, in Mehl drehen und in die Bratpfanne legen, in der man zwischenzeitlich das Fett flüssig gemacht hat. Wenn alle Baunz'n eingelegt sind, mit
flüssigem Fett bestreichen und ca. 30 Minuten bei 195 Grad im Ofen
goldgelb backen. Dazu kann man Apfelmus und eine Tasse Kaffee reichen.

»Hasenohren«

eingereicht von Agathe Nett, Gutenberg – Ostallgäu

300 g Mehl
1 Prise Salz
50 g Zucker
75 g Butter
3 EL saure Sahne

2 Eier
2 Eigelb
Backfett
Zucker zum Bestreuen

Butter mit Mehl abbröseln, übrige Zutaten zugeben, Teig abkneten,
messerrückendick auswalken, mit dem Kuchenrädchen Dreiecke ausradeln. In heißem Fett ausbacken, abtropfen lassen. Nach Belieben mit
Zucker und Zimt bestreuen.

Weihnachtsgebäck

Zitronenbrot
Schokoladenbrot
Cognac-Plätzchen
Hagebuttenmark-Makronen
Magenbrot
Elisenlebkuchen
Bozener Zelten
Basler Brunsli
Bischofsbrot
Schokoladenwurst
Nußzwieback
Schmalznüsse

Zitronenbrot
eingereicht von Frau Christl Sanktjohanser, Ichenhausen

2 Eiweiß	*Saft und Schale von 2 Zitronen*
750 g Zucker	*750 g geriebene Mandeln*

Guß:

200 g Puderzucker,	*2 kleine oder 1 große Zitrone*

2 Eiweiß zu steifem Schnee schlagen, darunter 750 g Zucker, Saft sowie geriebene Schale von 2 ungespritzten Zitronen rühren. Dann 750 g geriebene Mandeln dazugeben. Runde, nicht zu kleine Oblaten nehmen und etwas größere Häufchen vom Teig daraufsetzen. Bei mittlerer Hitze (ca. 160 Grad) ca. 20 Minuten backen.

Für den Guß ungefähr 200 g Puderzucker mit dem Saft von 2 Zitronen (oder 1 große) verrühren und damit die noch heißen Brote bestreichen.

Schokoladenbrot
eingereicht von Elfriede Frühbeis, Deisenhofen

Teig:

250 g Butter	*rieben*
250 g Zucker	*250 g Mandeln ungeschält und*
6 Eier	*gerieben*
250 g Blockschokolade ge-	*100 g Mehl*

Guß:

ca. 250 g Puderzucker	*4 EL Wasser oder Rum*
3 EL dunkler Kakao	*1 TL Butter*

Die Zutaten für den Teig nacheinander zu einem Rührteig verarbeiten. Den Teig auf ein gefettetes Backblech geben und im vorgeheizten Backofen bei 175 Grad 35 bis 45 Minuten backen.

Alle Zutaten für den Guß in einem Wasserbad verrühren. Beim Teig eine »Nadelprobe« machen, aus dem Backofen nehmen und den Guß, solange der Kuchen noch warm ist, daraufstreichen.

Nach dem Erkalten den Kuchen in ca. 6 cm lange und 2½ cm breite Stücke schneiden, vom Blech nehmen und trocknen lassen.

Cognac-Plätzchen

eingereicht von Doris Schlicht, Mering

Teig:

200 g Mehl
125 g Butter
1 Ei
75 g Zucker

75 g geschälte und geriebene
Mandeln
1 abgeriebene Zitronenschale

Cognac-Füllung:

100 g Butter
100 g Puderzucker
1 Eigelb

ein paar abgezogene, geriebe-
ne Mandeln
Cognac nach Belieben

Aus den Zutaten für den Teig einen gebröselten Mürbteig herstellen, kalt ruhen lassen. Den Teig messerrückendick auswellen, kleine Plätzchen ausstechen und hellgelb backen.
Für die Cognac-Füllung Butter schaumig rühren, den Puderzucker, das Eigelb, die Mandeln und den Cognac darunterrühren. Nach dem Erkalten der Plätzchen diese mit der Füllung bestreichen. Immer zwei Plätzchen mit der glatten Seite nach innen zusammensetzen. Die Oberseite mit Punschglasur oder Couvertüre überziehen und mit abgezogenen Mandeln verzieren.

Hagebuttenmark-Makronen

eingereicht von Liselotte Käferle, Nürnberg

Teig:

3 Eiweiß (große Eier)
250 g Puderzucker

2 EL Hagebuttenmark
375 g Mandeln

Glasur:

1 Eiweiß (kleines Ei)
70 g Puderzucker

1 EL Hagebuttenmark

Die Mandeln brühen, schälen und reiben oder im Mixer zerkleinern (diese Arbeit am Vortag erledigen!). Die drei Eiweiß zu steifem Schnee schlagen, den gesiebten Zucker langsam untermischen und so lange schlagen, bis eine zähflüssige Masse entsteht. (Mit der Hand dauert das etwa 20 Minuten.) Dann das Hagebuttenmark und die Mandeln gut untermischen. Mit zwei Kaffeelöffeln Häufchen auf kleine Oblaten oder Backpapier setzen.

Für die Glasur ein Eiweiß gut schlagen, Zucker und Hagebuttenmark untermischen. Mit einem Kochlöffelstiel, den man ab und zu in kaltes Wasser taucht, kleine Mulden in die Makronenhäufchen drücken und die Glasur einfüllen.

Bei niederer Temperatur (ca. 130 Grad = Stufe 2) 25 Minuten backen, bis die Makronen hellgelb sind. Die Makronen laufen beim Backen etwas auseinander, deshalb kleine hohe Häufchen setzen.

Die Masse ergibt vier Backbleche.

Magenbrot

eingereicht von Inge Adlmaier, Chieming

1000 g Mehl	*2 Eier*
2 Päckchen Backpulver	*1 EL Zimt, ½ TL gemahlene*
100 g Butter	*Nelken, 1 TL Salz*
500 g Zucker	*¼ l Kaffee*
2 gehäufte EL Kakao	

Guß:

250 g Puderzucker	*25 g Kakao*
1 Ei	*2 EL Kokosfett*

Die Butter wird schaumig gerührt. Man gibt den Zucker dazu und die beiden Eier, dann den Kakao, das Salz, den Zimt und die Nelken. Dann rührt man abwechselnd das mit dem Backpulver vermischte Mehl und den kalten Kaffee darunter. Wenn der Teig fester wird, knetet man ihn mit der Hand gut durch, dann wird er am schönsten! Den Teig anschließend in vier Stücke teilen. Jedes Viertel wird nochmals in vier Stücke geteilt, die man auf einem bemehlten Brett zu vier einzelnen Teigsträngen ausrollt. Diese Stränge legt man auf ein gefettetes Backblech. Die Teigstränge werden im vorgeheizten Backofen bei Mittelhitze in ca. 20 Minuten gebacken. Noch heiß auf dem Blech werden die Stränge in Stücke geschnitten und sofort mit der angerührten Schokoglasur bestrichen.

Elisenlebkuchen
eingereicht von Judith Dattinger, Nürnberg

5 Eier	*5 g Nelken*
500 g Honig	*½ TL Kardamon*
500 g ungeschälte, geriebene	*½ TL Muskatblüte.*
Mandeln	*runde Oblaten von ca. 8 cm*
70 g Orangeat	*Durchmesser*
70 g Zitronat	*Schokoladenkuvertüre und*
abgeriebene Schale von	*abgezogene halbe Mandeln*
1 Zitrone	*zum Verzieren*
15 g Zimt	

Eier und Honig 20 Minuten mit dem Mixer verrühren, Gewürze, das kleingeschnittene Orangeat und Zitronat und zuletzt die Mandeln dazugeben. Die Teigmasse über Nacht zum Trocknen beiseite stellen und am nächsten Tag die Oblaten fingerdick damit bestreichen. Die Elisenlebkuchen werden bei 180 Grad etwa 25 bis 30 Minuten gebacken, und noch heiß aus dem Ofen kommend, mit Schokoladenguß bestrichen und mit halbierten Mandeln verziert. Der Guß muß im abgeschalteten, noch warmen Rohr etwas übertrocknen. Ergibt ca. 20 Stück

»Bozener Zelten«
eingereicht von Inge Bosl, München

1000 g Feigen	*500 g Mandeln*
1000 g Rosinen	*125 g Pinienkerne*
1000 g Sultaninen	*2 Orangen (Saft und Schale)*
250 g Datteln	*½ l Weinbrand*
400 g Aprikosen (getrocknet)	*ca. 100 g Zucker*
200 g Orangeat (ganze Stücke)	*¼ l Rum*
200 g Zitronat	*1000 g Brotteig (am Vortag*
250 g Haselnüsse	*beim Bäcker bestellen)*

Gewürze:
Zimt, Nelkenpulver, Piment (alles gemahlen)   *2 Stück gewiegten Sternanis*

Zum Verzieren: *kandierte Kirschen*

Rosinen und Sultaninen gut waschen und abtropfen lassen. Datteln entkernen und mit den Rosinen und Sultaninen grob schneiden. Aprikosen und Feigen kleinblättrig schneiden, ebenso Orangeat und Zitronat. Nüsse ungeschält in feine Scheiben schneiden und Mandeln stifteln. Alles in eine große Schüssel geben, Pinienkerne ganz dazutun, mit dem Saft und den abgeriebenen Schalen der Orangen, dem Zucker und dem Weinbrand gut vermischen. Zudecken und über Nacht stehen lassen.

Am nächsten Morgen ¼ l Rum und alle Gewürze dazugeben. Zuletzt den frischen Brotteig unter die Früchte kneten.

Runde oder längliche Zelten formen, 3 bis 4 Zentimeter dick, 10 bis 20 Zentimeter lang. Mit geschälten Mandelhälften und Nüssen verzieren.

Backen: Auf ein mit Öl bestrichenes Blech geben und bei guter Hitze (ca. 220 Grad) etwa 1 Stunde braun backen lassen. Zwischendurch immer wieder mit Honig- oder Zuckerwasser bestreichen.

Nach dem Backen schnell vom Blech lösen und auskühlen lassen. Danach mit kandierten Früchten verzieren.

Jeden Zelten einzeln in Zellophan-Papier wickeln. Mindestens 3 Wochen liegen lassen.

Basler Brunsli
eingereicht von Regina Kopetzky, Augsburg

2 Eiweiß	*2 EL Kakaopulver*
225 g Puderzucker	*500 g gemahlene Mandeln*
2 Schnapsgläser Kirschlikör	*(fein)*
250 g geriebene Blockschoko-	*1 Messerspitze Zimt*
lade (fein)	*1 Messerspitze Nelkenpulver*

Glasur:

1 Eiweiß	*1 Löffel Kirschlikör*
etwas Wasser	

Das Eiweiß steifschlagen, mit dem Puderzucker und dem Kirschlikör verrühren und alle übrigen Zutaten beigeben. Das Wirkbrett dicht mit Zucker (Raffinade) bestreuen, den Teig darauf ½ cm dick auswellen, in kleine Vierecke schneiden und diese auf gebuttertem Blech bei mäßiger Ofenhitze (140 bis 150 Grad) mehr trocknen als backen. Noch heiß glasieren.

Glasurvariante: Die noch heißen Basler Brunsli können auch mit verdünntem Honig oder mit einer dünnflüssigen Masse aus Puderzucker und Kirschlikör bestrichen werden.

Bischofsbrot
eingereicht von Frau Carin Döker, Taufkirchen

2 Eier	250 g Orangeat
250 g Zucker	250 g Rosinen
250 g gemahlene Nüsse	reichlich Zimt
250 g Mehl	etwas Piment und etwas
2 TL Backpulver	Ingwer
125 g Zitronat	

Eier und Zucker schaumig schlagen, mit Mehl und Backpulver vermischen und die übrigen Zutaten unterrühren. Dann den Teig auf gefettetes Papier streichen und ca. ¼ Stunde bei Mittel-Hitze goldgelb backen.
Mit Zitronenglasur überstreichen und in Streifen schneiden.
Glasur: 250 g Puderzucker, den Saft einer halben Zitrone daruntermischen und nach Bedarf *kochendes* Wasser hinzugeben.

Schokoladenwurst
eingereicht von Gertrud Ranft, Wartenberg

125 g Kokosfett	125 g Feigen
3 EL Puderzucker	100 g Rosinen
3 EL Kakao	100 g geschälte Mandeln
1 Ei	100 g Haselnüsse
2 EL Milch	die Kerne aus 250 g Walnüssen
50 g Zitronat	

Puderzucker und Kakao sieben. Das Ei mit der Milch verquirlen. Zitronat und Feigen klein schneiden.

Zucker, Kakao und Ei-Milch werden gut verrührt, das zerlassene Kokosfett gibt man nach und nach zu. Anschließend fügt man die übrigen Zutaten bei, so daß sich aus der Masse zwei bis drei ca. 5 cm dicke Rollen formen lassen. Anschließend mischt man Puderzucker und Kokosraspeln auf einem Pergamentpapier und wälzt die Rollen in diesem Pulver, bis sie rundum schön weiß sind. Dann im Kühlschrank hart werden lassen. Mit einem Messer Taler von ca. ½ cm Dicke abschneiden.

Nußzwieback

eingereicht von Maria Merkl, Nordendorf

4 Eier	*200 g Sultaninen*
200 g Zucker	*300 g Mehl*
200 g ganze Nüsse	

Sultaninen waschen und wieder trocknen lassen. Eier und Zucker gut schaumig rühren. Nüsse und Sultaninen leicht mit Mehl bestäuben (sinken dann nicht so stark ab) und zusammen mit dem Mehl unter die schaumige Masse ziehen. Das Ganze 1 Stunde bei mittlerer Hitze in mit Pergament ausgelegter Kastenform backen. Das fertige Gebäck in ganz dünne Scheiben schneiden.

Schmalznüsse

eingereicht von Frau Monika Osterholzer, Burghausen

1000 g Mehl	*1 Päckchen Vanillezucker*
500 g Zucker	*1 Röhrchen Hirschhornsalz*
500 g Schweinefett	

Mehl, Zucker und Vanillezucker miteinander vermischen, Schweinefett in Stückchen darauf verteilen. Hirschhornsalz in etwas kaltem Wasser auflösen, dazugeben und alles zu einem geschmeidigen Teig verkneten. Eine große Kugel daraus formen und etwa 1 Stunde kühlstellen.

Aus dem Teig kleine Kugeln formen (etwa so groß wie ein »o« aus Daumen und Zeigefinger gebildet) und auf ein ungefettetes Backblech setzen (Abstand ungefähr 7–8 cm).
Bei mittlerer Hitze ca. 15 Minuten backen.
Die Schmalznüsse sind fertig, wenn die Kugeln zu flachen Plätzchen auseinandergelaufen sind, an der Oberfläche Risse aufweisen, aber noch eine weiße Farbe haben.

Abänderung: Wer zu diesen weißen Schmalznüssen noch schwarze dazu machen möchte, läßt einfach den Vanillezucker weg und gibt statt dessen 3 bis 4 EL Kakao dazu.

Sonderrezepte

Grillsaucen
Süßsauer eingelegte Zucchini
Gewürzsoße von grünen Tomaten
Weihnachtsmenü in vier Gängen

Grillsaucen

eingereicht von Gertrud Wendel, Germaringen

1. Curry-Mandarinen-Sauce

2 Becher Magerjoghurt (à 150 g)
1 Becher saure Sahne (kleiner Becher)
4 EL Delikateßmajonaise
1–2 EL Curry (nach Geschmack)
1–2 kleine Dosen Mandarinen (mit wenig Saft oder ohne Saft). Wer Saft nimmt, sollte noch 2 gehäufte EL Magerquark dazugeben, damit die Sauce nicht zu flüssig wird
1–2 saure Äpfel (vierteln oder in Scheiben schneiden oder raspeln)
1 Prise Salz

Alles mischen.
Schmeckt hervorragend zu Grillfleisch, Geflügel oder Fisch.

Tip: Unter die Sauce Shrimps mischen, ergibt dann einen pikanten Salat.

2. Sauerkirsch-Senf-Sauce

(wird in England Lady-Hamilton-Sauce genannt)

½ Glas entsteinte Sauerkirschen (einzeln prüfen!)
2 EL Johannisbeergelee oder 2 EL Zitronengelee (oder Zitronensaft)
2 EL Meerrettich
2 EL scharfer Senf
3 EL Weißwein oder Wasser
Paprikapulver und Salz zum Abschmecken.

Alles im Mixer pürieren und abschmecken.
Paßt zu gegrilltem Fleisch und Wildgerichten.

Süßsauer eingelegte Zucchini
eingereicht von Erika Balk, Stein, Traun

500 g Zucchini	*2 Zweige Dill*
½ l Wasser mit 3 EL Essig-	*2 Lorbeerblätter*
Essenz (nach Geschmack)	*10 Pfefferkörner*
1 TL Salz	*10 Wacholderbeeren*
1 TL Zucker	*6–8 Knoblauchzehen, zerklei-*
½ TL getr. Basilikum (oder 1	*nert*
Zweig frisches Basilikum)	

Aus den Zutaten (ohne Zucchini) einen Sud herstellen und zum Kochen bringen. Die in Scheiben geschnittenen Zucchini (ca. ½ cm dick) in den Sud geben und ca. 10 Minuten leicht kochen lassen, bis sie glasig sind. Dann in heiß ausgewaschene Vakuumgläser füllen, mit dem kochendheißen Sud bis 2 cm unter den Rand aufgießen und mit Oliven- oder Sonnenblumenöl auffüllen. Die Gläser sofort verschließen und fünf Minuten auf den Deckel stellen.
Nach 14 Tagen probieren (hält sich aber auch länger). Die süßsauer eingelegten Zucchini sind eine köstliche Beilage zu Hausmannskost, eignen sich aber auch hervorragend für italienische Gerichte.

Gewürzsoße von grünen Tomaten
eingereicht von Mechtild Meichsner, Oberasbach

1500 g grüne Tomaten	*1 EL Mehl*
500 g Zwiebeln	*3 EL Senf*
2 EL Salz	*½ EL Curry*
125 g Datteln, gehackt	*1 TL Cayennepfeffer*
⅜ l Weinessig	*1 TL Curcuma*
500 g Zucker	*1 TL Ingwer*

Die Tomaten und Zwiebeln klein schneiden, mit Salz bestreuen und über Nacht stehen lassen. Die Masse ausdrücken, Datteln, Essig und Zucker zugeben, 45 Minuten köcheln lassen. Das Mehl mit etwas Wasser glattrühren, mit den Gewürzen in die Masse rühren und die letzten 10 Minuten mitkochen. Die fertige Soße sofort in Gläser füllen, mit Twist-off-Deckeln verschließen und 5 Minuten auf den Kopf stellen.

Weihnachtsmenü in 4 Gängen
Für 4 Personen

Vorspeise I:
Gratiniertes Seezungenfilet auf Spinatravioli mit Rote-Bete-Soße
eingereicht von Dieter Müller, Küchenchef Hotel »Schweizer Stuben«, Wertheim-Bettingen

2 Seezungen á 600 g	*3 Stück kleine Schalotten*
4 Scheiben Toastbrot ohne	*70 g Weißes vom Lauch*
Rinde	*70 g Sellerie (Staudensellerie)*
1 feste Tomate	*1 kl. Rote Bete*
1 EL gehackte Petersilie	*150 g Butter*
¼ l trockener Weißwein	*½ Zitrone, Salz und weißer*
2 cl Sherry	*Pfeffer aus der Mühle*
3 EL Crème fraîche	

Zutaten für die Nudeln:

260 g Mehl	*1 Prise Salz*
2 ganze Eier	*½ EL Olivenöl*
2 Eigelb	

Weitere Zutaten:

150 g Blattspinat	*40 g Butter*
4 cl Noilly-Prat (trockener	*½ Knoblauchzehe*
Wermut)	*Salz und Pfeffer*
8 cl Rahm	

Die Seezungen abziehen und filetieren. Das ergibt 8 schöne Filets. Die Gräten kleinschneiden. Den Fisch wässern und mit dem geschnittenen Gemüse in eine heiße Kasserolle geben. Ohne Farbe andünsten, mit Weißwein und Wasser gerade bedecken, jetzt ca. 20 Min. köcheln lassen. Den Fond passieren und stark reduzieren. Die Crème fraîche dazugeben und auf ¼ l reduzieren.

Die Rote Bete schälen, klein würfeln und mit 80 g Butter in einer Küchenmaschine fein pürieren. Dann durch ein feines Sieb streichen. Jetzt die Toastscheiben durch ein Sieb drücken und die Petersilie dazugeben.

Die Fisch-Filets mit Salz und Zitrone würzen und auf eine Platte mit weicher Butter geben. Diese Butterseite auf das passierte Weißbrot legen, so daß es am Fisch haftet, dann wieder zurück auf die Platte legen. Darauf ein paar Tomatenwürfel streuen und alles mit dünnflüssiger Butter beträufeln. Auf die Platte zum Fisch etwas Fisch-Fond und Weißwein geben und bei Oberhitze etwa 4 Min. garen. Den Gar-Fond zur vorbereiteten Soße geben und mit der Rote-Bete-Butter zur richtigen Dicke rühren. Mit Salz und Zitrone abschmecken, den Fisch mit den Raviolis und der Soße auf die Teller anrichten und servieren.

Spinat-Ravioli: Die Nudelzutaten zu einem zähen Teig vermengen. Zwanzig Minuten ruhen lassen. In der Zwischenzeit den Blattspinat gut waschen, in kochendem Wasser blanchieren und in Eiswasser abschrecken. Den Spinat gut auswringen und klein hacken. Eine Kasserole mit dem Knoblauch ausreiben, Butter und Noilly-Prat hineingeben und einköcheln lassen. Jetzt den Rahm zugeben und wieder dickflüssig einkochen. Den gehackten Spinat dazugeben und mit Salz und Pfeffer würzen. Einmal aufkochen und kaltstellen. Nudelteig dünn ausrollen, die kalte Spinatmasse in Abständen auf dem dünnen Nudelteig placieren und mit Eigelb halb bestreichen. Mit dem überstehenden Teig die Rolle schließen und mit einem Ausstecher wie gewünscht portionieren. Zum Servieren die Ravioli in kochendem Salzwasser ca. 3 Min. garen.

Vorspeise II:
Falsche Prinzregententorte
eingereicht von Otto Koch, Küchenchef »Le Gourmet«, München

Pfannkuchen: (Crêpe)

100 g Mehl	*1 Prise Salz*
50 g zerlassene Butter	*Alles in einen Mixer geben und*
4 Eier	*dann in der Crepe-Pfanne*
⅛ l Wasser	*dünn ausbacken.*
¼ l Milch	

Füllung:

400 g Egerlinge oder Champignons oder Austern-Pilze	*50 g Schalotten fein gehackt*
	1 EL Petersilie feingehackt
70 g eingeweichte und abgetropfte Morcheln	*50 g Butter*
	Salz und Pfeffer

Zuerst die Pilze durch die mittlere Scheibe des Fleischwolfs drehen. Danach etwa 6 Stunden flach ausgebreitet auf einem Blech in der Küche stehen lassen. Keine Zitronen oder andere Säuren zugeben, da sonst die Pilzfüllung nicht dunkel genug wird. Dann in einer großen Eisenpfanne die Schalotten in Butter ausschwitzen, die Pilze dazugeben und ständig mit dem Spachtel rühren, bis die Masse gar ist und sich ein Fond gebildet hat. Danach das Ganze einkochen.

Dann die Pilzmasse möglichst heiß und dünn auf die Crêpe auftragen und zwar 6 bis 8 Schichten. Nun in tortengroße Stücke schneiden, ev. mit einem ziselierten oder geschnitzten Champignonkopf verzieren. Mit einer braunen Bratensoße servieren.

Hauptgericht:
Gefüllte Wildentenbrust
eingereicht von Hermann Pflaum, Küchenchef in »Pflaum's Posthotel«, Pegnitz

1 Wildente

Füllung:

Herz und Leber der Wildente	
zusätzlich noch etwas frische	*1 Petersilienstrauß*
Gänse- oder Geflügelleber	*1 Strauß Kerbel*
2 Scheiben Weißbrot	*2 Eier*
2 Steinpilze und 2 Morcheln	*weißer gemahlener Pfeffer*
(getrocknet oder gefroren)	*Salz*

Braten:

2 Lorbeerblätter	*1 Fingerhut Johannisbeer-Ge-*
1 Scheibe roher Schinken oder	*lee*
Speck	*Karotten*
30 g Butter	*Sellerie*
¼ l Rahm	*Lauch*
¼ l guter Rotwein	*Zwiebel*

Beilagen:

1 Zucchini	*2 bis 3 Kartoffeln*
1 Bratapfel	*1 Ei*
etwas Rotkraut	

Beilagen: Zucchini und Kartoffeln in dünne Streifen schneiden (julien). Beides auf einem Tuch abtrocknen, mit Salz, Pfeffer und Thymian würzen und mit einem zerschlagenen Ei vermischen, u. U. etwas Mehl hinzugeben. Das Ganze in einer Teflon-Pfanne dünn herausbacken (8 cm Durchmesser). Den Bratapfel aushöhlen, braten und dann mit Rotkraut füllen.

Ente: Die Ente ausnehmen, waschen und trocknen. Die Haut von der Kopfseite her vorsichtig mit den Fingerspitzen von der Brust abheben (Vorsicht! Keine Löcher einreißen.) Ente von außen und innen mit Salz und Pfeffer würzen. Leber, Herz, Pilze und Kräuter für die Füllung fein hacken. Das Weißbrot in kleine Würfel schneiden und die 2 Eier (Eigelb und Eiweiß) zugeben. Alles durchmischen und mit Salz und Pfeffer würzen. Danach die Füllung unter die Haut schieben. Die Brust darf richtig prall werden. Dann das Röstgemüse aus Karotten, Sellerie, Lauch, Zwiebel und Lorbeerblätter in eine gußeiserne Pfanne oder einen Römertopf geben, den rohen Schinken hinzulegen und die Ente darauf setzen. Die Ente selbst wird mit kleinen Butterflöckchen und dem Fingerhut Johannisbeergelee bedeckt.
Das Ganze in einen 200 Grad heißen Ofen setzen, nach 8 Minuten ablöschen mit Rotwein und zwar *nicht* über die Ente, sondern nebendran. Nach weiteren 5 Minuten die Sahne hinzugeben, braten lassen. Nach insgesamt 20 Minuten die Ente aus dem Ofen nehmen, 8 Minuten ruhen lassen. Dann tranchieren und die gefüllte Brust herausschneiden. 1 bis 2 cm dicke, schräg angeschnittene Scheiben auf den Teller legen. Die Soße passieren, mit wenig Sahne und Rotwein abschmecken, mit den Beilagen servieren.

Dessert:
Gebackene Strudelblätter, gefüllt mit Pralinenmus auf Orangenschaum
Eingereicht von Alfons Schubeck, »Kurhausstüberl« in Waging am See

Pralinenmus:
50 g Nougat
150 g Bitterkuvertüre
2 cl Grand Marnier

250 g Sahne
1 Ei und zusätzlich ein Eigelb

Strudelteig:
300 g Mehl
ca. ⅛ l Speiseöl

lauwarmes Wasser

Orangenschaum:

250 g Sahne   *Schale von ¼ Orange gerieben*
2 EL Puderzucker   *(ungespritzt!)*
1 cl Orangenlikör

Pralinenmus: Ei und Eigelb in einem Kessel über dem Dampfbad aufschlagen; die lauwarme Bitterkuvertüre und Nougat mit dem Grand Marnier unter die Eimasse heben und kaltschlagen. Die steifgeschlagene Sahne unter die erkaltete Pralinenmasse ziehen.

Strudelteig: Alle Zutaten zusammengeben und verkneten, bis ein zäher Teig zustande kommt. ½ Stunde ruhen lassen. Teig ausziehen und mit rundem Ausstecher Scheiben im Ofen braunbacken (bei vorgeheiztem Ofen ca. 5 Minuten bei ca. 180 Grad)

Orangeschaum: Sahne leicht mit dem Puderzucker anschlagen (sofort dazugeben); dann Orangenlikör mit geriebener Orangenschale unterheben.

Fertigstellung:
– Die Strudelblätter schichtweise mit dem Pralinenmus füllen
– Ca. 3 EL Orangenschaum als Kreisfläche in die Mitte eines hübschen Servier-Tellers geben.
– Dahinein die mit Pralinenmus gefüllten Strudelblätter setzen.
– Das Ganze leicht mit Puderzucker bestäuben.

Und jetzt guten Appetit!

Register

Register